#1 facile

		6	8					
8	2		5					
1								
	7						6	8
3		1		8	9		7	2
		8		6	2	1	3	
	1	7		5		9		
6			9	2			4	
	3	9	6				5	1

#2 facile

				5			4	8
1		6			7		5	
	8	5	4	1				3
	1	4	5		2		7	
		3				8		
	2		6	4			9	1
				6			8	7
5		9	3		8			2
	7	1			4		3	

#3 facile

2				9		8		
				2		1		
					8	5		6
				8				
4	8	7			5		6	
3		2	7					9
8	4			6			1	
1		9						2
		6				7		

#4 facile

	8			1		6	7	
3							8	1
		2	6		4			
2			7	9				5
	5			4		8	9	
1								
4					8		1	
		9	2		1			
8	3					2		

#5 facile

1	7			4				8
	8	4					6	
			2		1	5		
							4	
		3		9	7		5	
8	9			2				3
	4		8				2	
5							8	6
			4		5	9		

#6 facile

	9				7			
		6		4				3
4			2	6		8	9	
8							3	
6		5	8					7
		1		9				6
		8					7	2
	1				9		5	
	2		6		8			

#7 facile

1				8	9			
	9		3		7		5	
		6		5				
5		4				7		
		9					1	
		7			1		8	
							7	
	5		7	6	3	4		
8				1	2			6

#8 facile

			7		2	5		
9	4							6
8		2		4			9	
			4		5	3		
		5					6	9
4			9					7
3		9		7			1	
	1			3	8			5
								4

#9 facile

.	2	.	.	.	.	.	.	4
.	.	5	7	.	.	.	9	.
6	.	9	.	4	3	5	.	.
9	3	.	.	.	.	.	.	6
.	.	.	6	2	.	.	3	.
.	4	.	.	8	.	.	.	1
.	.	4	9	.	.	.	1	.
.	.	.	.	7	.	3	.	.
3	.	.	2	.	.	9	8	.

#10 facile

.	5	6	2	1	.	7	8	.
.	.	.	.	7	.	.	2	.
4	.	2	9	.	.	3	.	.
6	.	.	.	.	8	2	.	7
.	.	4	6	3	.	.	9	.
8	.	7	.	5	.	6	.	.
.	3	.	.	.	.	.	.	.
2	.	.	.	4	9	5	.	3
1	.	9	5	.	3	.	7	6

#11 facile

		2				3	1	5
	8				4			6
1			6					
					2			
6				3		4	8	
			5					3
3	1		7		9	8		
7			3					
	4	6	2		8			

#12 facile

7	3					5		
	9		3	5		1		7
5				6	1		2	
4	1		8			7		6
		3		9				
2			1	7			8	5
	8			4	5		3	9
3	2					6		
9			2	1			7	

#13 facile

				1	9	7		
	3	1	6				4	
6	4							8
	5	4	9				2	
								6
2			5	3				7
				7	6	5		
	6				4			9
		7					8	4

#14 facile

	4			7	3	5		2
		5	9		1			6
	9	2					8	
	1	3	4			8	6	
		9	1		6	7		4
2					5			
		7		1	8			9
	5		2		7	6	1	
	2	6					7	

#15 facile

		9					4	
	7			9	1	6		
	4	5	2	3		9	8	
	3			4	5		2	
4	9				3			5
		6		1		3	7	
3		4		6	8	2		7
7	2				9		1	6
			7					

#16 facile

3			5	7				
	7						6	3
2				8			4	
8				6				
	5				9			1
		9	3		5	7	8	
	4	5	7					6
		7					1	
	2				8			5

#17 facile

	3			8		6		
			7			5	1	2
6					1			
7	8		6	3				
2					4			
4	9			1	2			8
5						2		
		2			6		8	3
	7							

#18 facile

1				7		9		4
3			6	8				7
					9		3	
	6	7						
	8		5					2
			4	1			7	5
	3	5						
				9	6	4		8
		8		2		1		

#19 facile

	6		3					1
		5	4				3	2
				9			5	
	7		9					3
4						6		
	3	8		6	5		7	
			8	4				5
5		3				8		
6				2		1		

#20 facile

7	6				5		2	
				1				
8	5	1	9			4		
1		8		4		3		
	4							5
3	2						6	
				6				3
6				2				1
			1				4	9

#21 facile

		2		1	4			
3						9	7	
	9		7			8		1
9	3							2
		6		2	7			
4					9	7		
2			6	8			5	
7								
	5		4			6		9

#22 facile

			3					
5	4			9		2		
6	9	3			7			8
3		6	8					1
1	2					4		
	8						9	
					3	8	7	
4			2				3	
			4				1	

#23 facile

2		3					1	
6			9		4	3		7
		7		2	5	8		
5		4		6			8	1
		2		5	8	6		9
	3				7			
3		8					9	
7				3	9		5	8
		9	5		1	2		

#24 facile

			8	7				6
8						5	9	
		7		5		3		
5		6			3		1	
	1		4		6	8		
						7		
	7	5				9		
2		4			7		5	
			2	3				8

#25 facile

		4	7					
	1					4	6	2
8					3		7	
			6				2	
					1			
		7		2		8		3
		5	2					
3	7		1		8			
4		2	5		9			8

#26 facile

5	6			8				
1			2					
8			9					2
			8					
	9				7		2	3
		6		5		8	7	4
		1	6			4		8
7							6	
	2						9	1

#27 facile

	2			3		7	4	
	9		5	8			3	
					2			5
6		2						
			8	4			5	7
4			9				1	
		4		1		6		
			6	3	8	9		
3		7						

#28 facile

1			4	6				8
								7
	6	5		3			1	
			8		7	6		
		8					9	5
	7				5			3
	4	2		7			5	
7	5							9
			2		3	8		

#29 facile

	9	1			2		4	
4		2		6				
			5			9		7
8				5		1	3	
	2	3			8		7	
				4				
	5			2	6			
			3			5		4
		4		7				2

#30 facile

	5				3			
	3	8	9	2				7
			5				4	6
1						5	2	
			7	1				
4		2				9		
	6	7	3					
	2		6	9			8	4
					1			9

#31 facile

4				2			8	
6	7					1	4	
				5	1			
	8				2			7
				9	4			
	3	5					2	6
		3				9		
	1		7				6	3
5	2		9				1	

#32 facile

		4			2			7
				8		1		
9	1		3		7		2	
	6			1		5		
	8	3						9
			7	9		3		
		7			1			5
		8	9				7	6
	4						9	

#33 facile

6			3		1			
		3				6	2	
8			4				9	
4			2					
		1		5		7		
	5			1	6		4	3
	1	9			3	2		
		8		4		1		
	3						7	

#34 facile

				2			3	
9		8			5			
		4	3		8	1	6	
			7			6	8	
		7		5				
1		5	4		3		9	
4	6							3
			2		9			
	2					4		7

#35 facile

9	4	5	2				3	
8	7				4			6
			5					
5		9		3			1	
	3					4		
1	6							7
				7		1		
7				6		5		
			5			2		3

#36 facile

		3	5	9			8	
5					7	1		6
7		6		4		5		
				6			1	
	4	5	1	2		6	7	
3		1	8			9		
	9							
1				3	8	4		9
2		8	4		9		6	5

#37 facile

		8	9		6	7		3
9					2	1	5	
6		5		4				
5			3		8	2	1	
7		1	4	2			8	
	6					9		
3					5	4		1
		9	2	1		3	6	
2		6		3				

#38 facile

	4	5			9			3
				2				
2	9	6	7				8	
6		2		8			1	
	8					9		
	3	1						4
		4		3		2		
			2			7		8
				4		1		

#39 facile

	3			4			6	5
			2					
9					8	2	7	4
		4						9
	5						1	3
1			9			7	2	
		1	5					
		2	3				5	
	9	8			2			

#40 facile

	5	1		2	4			
	6			7				1
						8		3
8					2			
	2	5		9			6	
		9	4	1			8	
						4		9
9		3	5	6				
		7	3			1		

#41 facile

3		9	1			7		
					4			
	1				5	3		8
4					7		9	
				3			4	5
		5	6		9			
				5			7	2
9	4				6			
8		2	9			4		

#42 facile

			6	3			9	8
		4	1					6
3		7						
	2		3				4	7
	9		8		5		3	
				2		5		
			4		8	7	5	
6		2						
4					9		1	

#43 facile

3		6	5					
		2		7				
		5		1				7
	3		6			5	4	9
1					4		7	8
				5				
		4					3	
7							1	2
	2			3		9		5

#44 facile

7		2	1				8	3
8	3		9		7	5	4	
				8				
		3	6		5			4
	4	8			2	7		
6			4				5	1
	1	9		3	4	6		5
	7		2		1			8
		5				1		

#45 facile

4		2	6		3		8	7
	3							
1				5	2	6		3
				8			1	
	6	7	1	4		8	9	
5		1	2			3		
7					9	1		8
9		8		6		7		
		5	7	3			2	

#46 facile

		5	9	2		3	7	
6			8					
	2	1		7		4		9
	6	9						3
	8		3	6		9		2
		3	4		2		5	
	7		1		3	8	6	
		8	2	5			9	
	5	6						4

#47 facile

4			6			5		9
		2		9	3	4	7	
3		7		4				
		1	7		2	8		4
2			3			9	6	
7		6		5				
6			1		4	3	9	
	7					2		
8		9		3	5		1	

#48 facile

	5	9	6	2			8	
	7		1		4	9		
3						5	4	
	8	2	7		1	4		
			9					5
7		3			8	6	1	
	4		3	1		2		
1		7	2		5		9	
2						7	5	

#49 facile

	5					4		8
7				1	6	5		
	1	4	8		5			3
8		3		5	9			2
4			7		1	3		
	6					8		7
2		5	1		4	7		
	4	6	2			9		1
					3		8	

#50 facile

	4	9			3	5		1
			1					
5		1		9	2		7	6
	7						3	
9				3	4	1		
3	2		5	6		7	8	
		8			6	3		7
6	1			4			9	
	5			7	8	6		

#51 facile

	6	7			2		4	
				8				
2				9			7	5
	9			6	3			
			7			8		9
		8		4		6		
8		6		3				
			9			4		1
	1	5			6		8	

#52 facile

9	8				5			
	4		3		8	6		2
				1		3		
			7				8	6
	7			5				
2	5		4		3	9		
			1		9			
4		6					3	
		1					7	4

#53 facile

	2	1						
			8	5			1	
			4			5	7	
	4	5			2	3		6
6								8
		8		7	9			
	9	4		3	7			5
	6					2		9
1					4			

#54 facile

		2	9					
6	3				2	4		
				5				
			4			1		
		4		3			6	
1	2	9						5
	6		8	7		2	1	
			5	6			3	4
			2			8		

#55 facile

	5			7			9	2
		8	2		4			
3						7	5	
		6	8		7			
5	3							8
4					5		7	
	1			4			6	5
8			9	6		1		
7								

#56 facile

	9				8	3		4
5								
6				2	4		9	
3	7					6		
		4	5	6				
8			3					5
	3				5	1		2
7							5	3
		6	8	1				

#57 facile

	8	2			4			
			3			1		5
1	7			8			2	
8	9			6			5	
					2			
		6			3	7	9	
	2				5			8
3				4	8			
			9			3		2

#58 facile

3	4		6		8	2	7	
7		2			9		6	1
				7				
	5	4	3	2		9		8
	9							4
		7	9		1	6		
4		9			3		5	
	6		1			3		7
		3	4		5			2

#59 facile

3	2		1				9	7
6	1					5	8	
7								3
	6							
		7	8	1				5
4					7			
5								9
	8				5		1	
			7	9	4	6		

#60 facile

	8	4	3		5	9	1	
7		3			6	4		8
			4					
	3		6		7			4
5	6		9	8			2	1
1							6	
4	9		7				3	
		2			9	1		6
8			1		2			9

#61 facile

	6		5			4	7	8
		9		7		3	2	
					8			
	1				6	8		4
7							6	
		2				1	9	
8					9	2		
5		6	8					
1					2			

#62 facile

			7				6	2
		8			1		4	
5		7			2			
		6			8			
	9		5					3
2	5			9		7	8	
				7			3	
7			4	5				6
	8		1					5

#63 medio

1	5			8			9	
		3					6	
	4					7		5
		5						
4			7		2			
	8		3	4				
					4			
9								7
	3	2	8		1			4

#64 medio

	9					7	4	
					3		6	1
			5				8	
4		8		3				
	5	3	4					
2					7		5	
			3	6				
8							7	5
6	4	9						

#65 medio

				1	4	7		
					2		6	
	3		5		8			
8		2						7
9					6	5		
	6	7					8	
2				6	5			
4	8	3						
							7	4

#66 medio

		9						
	4		8		7			
8				6	3			
		7					1	
2	9		4				5	
	8					3		9
	7	6		2	4			8
5								3
				8				

#67 medio

5			7	3				
				4				8
				6	2	9		
		1		8		7		
	4	3					9	
8	9							3
							6	9
3	5	6						
		4		7	8			

#68 medio

		7		5			4	
2			6		7		5	
	6				9			3
			1					
			7				6	1
				8	3			
5	1						2	
	4					6	9	
6					2			

#69 medio

				6				
4								
	3	7	1		9			6
		8	7					4
			4		5			9
9			6			5		
					2	6		
2		3		4		8	5	
				1	8	4		

#70 medio

	5	8	2				4	
							3	
		6		8				1
		3		1				5
4			5			3		
9					7			
	8		7			5		4
	2	1					8	
						6		

#71 medio

			1				3	4
1	2					6		
		8			3		2	
	9		3				5	
		6			8			
				5				
			2	7				
	3					9	6	
	6	4			1	8		

#72 medio

			2			3	4	
	7		3			6		
2					4	5		
3								
	6	9	5			1	2	
								5
					3		7	1
8	9			4	7			3
					5		8	

#73 medio

2	5					1		
	1	9					2	
3			9					8
		6	2		8			
			5				9	
			7	4				1
7	6	2						
5			8	9				
						7	1	

#74 medio

8						4		
	2				4		9	
		4			7			
								8
			9			1		
9			8			7	5	2
	9			2				6
	4	5		6				
3		2	5	7				

#75 medio

				5	6		1	
		3		8			5	
	1			7		6		
			7					
	5							
4		8		2	1		7	
	9	4	5			3		6
					9	7		
			2		3	5		

#76 medio

8		6			1		3	
						9		4
5			8		2			
					7			
		8					1	
2			7					5
		1	4				5	
			5	6				3
4	3				8			

#77 medio

		9	2		4			8
		3		6				
2	7		1					
						1		
1			6	5		4	8	
7					9			
				2				
			8				6	1
					1	5	7	

#78 medio

						4	9	5
5	8							
			6	7				3
	7		3					
			9		6		4	
		8	5	2				
8						3		9
		6	7					1
	9					8	7	

#79 medio

			6	7			9	2
		1			4			6
			9		5			1
		3						
2	9	6		4			3	
8							4	
			5			2		
5				3				
	4				6	5		

#80 medio

				2		7	6	
6			9		8			
	8				7			4
	4							2
8					1	5		
		1						
7		3						
	6			4		2		9
				5	2	8		

#81 medio

						8		
4	1		6				2	7
		6						
9				6				
3		1		8				
		8		3	5	9	7	
5	8		4					
	2		8				3	
	6			5		4		

#82 medio

		8			4			6
7								
2				3				7
	1						5	8
4			9			6	3	
5			8	2	1			
1			4	8				
					9	1	8	3
								9

#83 medio

						3		
	7				9			
	3		6	5		2	8	
					3	5	7	
				4				
			8				6	3
9			4		2			8
	4	7	3					
1				6				

#84 medio

		1	9	4				
		4						
2	6							
	3			6			9	
	1	9	8					5
8			7			1		
			3		9		7	
			5				4	8
	5							9

#85 medio

		5	3	8				
					4	7	3	5
					4			
		6	7			2		
3					8	1		
		2						
		9	6	3	5			
	5					3	9	
		8		4			7	1

#86 medio

2			9					8
	7				8	2		
		4	6					
	5				3	7		
							8	
1				2	5		9	
								3
				1	7		5	
4				5		9		2

#87 medio

		9			4			1
							6	
8		4	2				7	
						9		
2		1					4	
4			3			8		7
		6			1			8
	5			3				
	7		8			6		

#88 medio

	9							
2						5		4
	8	7			1	2		
			1				3	
		8		4				6
	6				8		7	
6								
		4		2				9
7					5	8		2

#89 medio

			6	9		3		
	1			8		6		4
7		2						
	3		2					8
		1	3		4			
				6		2	1	
		3	5			9		
	8							6
5								

#90 medio

		7	8				2	
9		8			6			
	5					6		7
			2				5	
				4				
		4			8			3
	2		6				9	5
				1	7			
	3	5						8

#91 medio

				8				
	3			6				8
		2	9					7
		4				5	9	3
2	9			5				
								4
9	6	5		1				
4				2		7	3	
					5		1	9

#92 medio

6				4	9			
8	3	7						
							8	5
				1	8	5		
					6			4
	7		9		3			
3		6					5	
2					4	9		
	4	5						3

#93 medio

		7		5				
8					2	3		
		9	3					8
4					6	2		
							8	
6	3		1				9	
								4
	6		5			9		3
2	1						6	

#94 medio

8	2	4		5				6
5								
		1		6				
			4	2		8		9
			3			2	7	
3			8				6	
	6				7		8	
					4	7		
		7						5

#95 medio

8	3							9
						2	5	
								3
1		8	6					
					8		4	
4			3		7			
7					4		9	8
	5		8				1	
6				9		7		

#96 medio

		2		8				9
	5	3	4					
9	4				3			
				4			1	7
6						8		3
					9			5
		5					9	8
			7		4			
3	6	7						

#97 medio

3	8							
		1						
		7					1	6
					4	6		9
			5		1			2
2			6					
9					6		3	
	5			7				4
7		6	2					5

#98 medio

7				3	4	1		
6	8	9				2		
			6	2				8
			7					
1		6				8		
	7		3	6	8			
		3	5			9		
	1		4				6	
					5			

#99 medio

		4						
				5			3	1
3	5	7				4		
7	9			1				4
				2		5	6	3
2		3	5					
		8		6			7	
		9			3	1		
				8				

#100 medio

						7	4	
								5
	5	2						3
		8			3		9	
	7		2			1		
		9		6		3		2
2		1	8					
		6	5	9				
				2		6		

#101 medio

								1
3	6		9					2
	4			6		8		
		2	3				1	
		7			5			
	1			8		3		
9	8							6
6			5			2	3	
							4	

#102 medio

		2			6			
				1	5	2		
				4		9	6	
5			7			4		
		9		6				3
	6	7			2	5		
	1							
	7					6		1
8		3						

#103 medio

5	6	3					9	
		4		7	1		8	
			3	9		5		
8			1					3
	7		2				6	
							2	
4			7	3	5			
	3	8					5	
			4					

#104 medio

		5				6	8	
	1	6		9				2
4								7
		9	4	5				
	5		8		3			
6								
	2					8		
3		4	9		1	5		
				5				

#105 medio

9				4	5			
4				7			8	
		5		6		9		
6				1	9		7	3
			6					
						4		
	5	8	4			2	3	
		6			2			
		4	1		8			

#106 medio

	4					6	7	
			5	4				9
		6			2	5		
8								
	6		3			8		
		2			9			
		4	9		7			2
			6			9		3
1	5							

#107 medio

	1		9	7				4
						5	3	
9	2		6					
				9				1
							8	
8			2			6		
5				1				6
6		7				4		
	9		5		4			

#108 medio

						5		
6					7	4		9
			2		1		7	
4				9		8		
	2		8					4
		6		3				
	7		5					2
1			7		4		9	
							8	

#109 medio

5		3		1			7	
		9	3	2				
						4		8
		2	6					9
3							1	
					6			
	7	8		3				
			9		5			7
1			8				9	

#110 medio

					6			
						4		
6			1	9			7	3
		5	6			9		
9			4	5				
4			7				8	
		4		8	1			
	5	8			4	2	3	
		6		2				

#111 medio

		3	8			9		
	5	2			4			
9	4			2				
				9		5		
			4			7		1
6						2	8	
2	6	7						
		5				8		9
				4	7			

#112 medio

	3		2		5			
		5						8
	7	4	8					
6			3			4		
	5			9				2
		8	4				5	6
							7	
			5	7			6	
						1		9

#113 medio

	6	2	3					
			6					
				4	8			
	8				5			2
		1	2		3	7		
		9		1			3	
					7	2		
		7				1		6
2		5						9

#114 medio

		5	3		9			
	8			1	7		4	
	9					5	3	6
			7	5	3	4		
			4					
	5						8	3
3			1			8		
	2							
	6		2					7

#115 medio

	9		2					8
4				1			7	
2		1			6			9
				8		1		4
				5	9			6
6					1			
		2					5	1
		5						
7	3							

#116 medio

		8		3	9			
7			2					
	1	9	5					4
6		7			8	1	4	
	5				3			
						8		
		4					7	8
	8					6	3	
9								

#117 medio

1			7	5	8			
2				6		3		9
	7						5	1
4								
		5	2				3	
8					9		4	
							6	
			6			7	9	5
7				2	5			

#118 medio

4				6				1
	6							
		9				7		
		4		3		9		
					7		2	3
2			5	4				
				7	1			4
3	8							
		2				9	5	7

#119 medio

		3			8	7		
	9		2				6	
5			3	9		8		
8	4					5		
9			5					
	7					2		9
			6		1			
				3		9	4	
				4				

#120 medio

		1		4	5			
2	7	3						
						6	3	
6	5					7		
		8		5				4
1		7					6	
	2		4	7				
				1		5		
				3	9			6

#121 medio

		9			3		6	
	5		9		1	8		
1				8		7		
	8	4				5		
	9				5			
		7				3		9
				2	6			
			1			9	4	
			4					

#122 medio

					8		6	
		4	2					9
	2				3	4		
	5							
7			9	1				
	4	3		7		6		
		9	5					7
3			7	4		1		
2								

#123 medio

				8	9	5		
								3
			7	4			9	
			9					
	4						6	
	9		1	5		8		7
		6			5	3	1	
		2						8
4	3					9		

#124 difficile

	1							
9							1	
5		2	7		8			
		6				1		
		5	2		7			
		7				9		6
2			6					8
			9		1			7
3					5	2		

#125 difficile

	1	2			4			
		9		6				7
	5				3			6
				2		5		
	6	4				9		
				1	5	4		
			2					1
	4	3				6		9
							2	

#126 difficile

			6					
9					7	8	5	
8	1					4	9	
2		5	3					
					8			5
		8	2					
1	7			6			8	
							1	3
			4			7		

#127 difficile

3						5		1
	9			8				7
4				9		2		
					1			
		1		5				
			9	7		3		4
			7			9		3
2	5		3					
	1		2					

#128 difficile

	1				3		7	
3	5			4		1		
	9			2		8		
9								
		4					9	7
1	8							4
7			6				3	
				3			6	
			2		7		8	

#129 difficile

		5						
3			5			2	1	
				6				7
						4	7	
		6			9			
		9		8	7	1		
	9	7		4	8			
6				7	3			
	2							4

#130 difficile

		2		1				
	3	6				9	8	
1								
		4			3	6		
			8			1	2	
		3	9				7	
	6					8	3	
	7				1			
	8		7		2			

#131 difficile

		5		8				
	8			5		9		
9	4			1				
		4			1			2
5				9				3
		6			3	5		7
			6			3		1
			9	2			6	
						2		

#132 difficile

	3		4					2
5	7		6					1
	1				5	9		
			5			8		
9				8		5		
				4	9	2		
1	2						6	
		6				3	9	
3								

#133 difficile

2		7		3			8	
1	6			8			9	
			8	6	7		3	
						1		
	4	3					6	2
	3		2		1			
								1
8		9	7					

#134 difficile

							9	1
			8	5				
4	9	7	2			8		
				9		1	2	6
			5					
8				1	2			4
7	3							
	8					4		
		4					3	5

#135 difficile

	7	5						
	6				8			
8			9	7				
			1	2				
5	2	8			6		3	
							6	9
			4	3	1			2
							9	
		6	8			3		1

#136 difficile

				5		3		
8	4						7	
5	9					1		8
			8		5			
9	8				2			1
	1							7
								6
7				8				
		6	2		3		4	

#137 difficile

5								2
	8	1						
	6		5		8	4		
		3					6	
				6				9
				3	9			1
								4
6	3				7		5	
2	7		8		6			

#138 difficile

					3	8	6	7
3	4			1	6			
			2					
	6	2			9		8	
7		1			8		3	
	3					1		2
				2				
9		8				7		

#139 difficile

							9	
					9	8		
6		7				4		1
				9				5
1		6						4
			5	8				6
5			7			1		
8		9	6					
		4		1		2		

#140 difficile

	3			5	1			6
			7					
					4	1	5	8
2	6	4	5			3		
			3		7			
							4	1
	2	9						
		3				6		
6							9	7

#141 difficile

					5		9	
	9	1	7					
	5		1					
4		3		6		5		
			8					4
						3	7	
3		5				2		8
			6					
		2			4	9		5

#142 difficile

				4				
	5					6		
		4		2			9	1
			1			3		
7	3		8		6			
2	6			5				
							6	3
6	7				8			9
8					5			

#143 difficile

	6	9						
		7		3				
3			9		4			
6	3	8		7		2		
						7	4	
			8		1			
			2	1	5		8	
						4		
	7				3		1	2

#144 difficile

6		2						5
			3				1	
3		7				6	8	
						4		
	4			9	1			2
5			6					
				6	3			
		8				5		
7		6			9	8		

#145 difficile

			6		2	9		3
	6							4
			9		5		8	
					3	8		
6		9						
1			2		9	3		
4		1		7			5	
						7		
	9		8					

#146 difficile

		7			9	4		
		6		8				5
	9	2		1				7
				9		3		
	4		3			9		
			8		4	5		
	7	5					1	
1						6	4	
	6							

#147 difficile

5				3	2		9	
7	3	2		1				
			6					
	5					9		
6		4						5
						4	8	
	9		2			1	5	8
			9	6				
3		1						

#148 difficile

2				1				
6		3					9	8
	1							
3					9			7
					8		1	2
4			3				6	
		7	1					
		6					8	3
		8	2		7			

#149 difficile

	2				6			9
					3	2		5
					9		6	
	4							
3	1			7				
		7		2	4			
1					2	6		
4			3				5	
8	6		1				7	

#150 difficile

2	3				5			
9			1	4				
							3	
		5	9	2				4
		4		3	8			1
						3		
			5		6		2	8
4	9	8						5

#151 difficile

1	5							
		2	1	3				
6					2			
	6			2			9	8
						3		
			8	4	9		7	
			7	9				
						6	3	
7	2	5			6	8		

#152 difficile

7	2	1				3		
							6	
5			9			2		1
						6	9	
	9		5	3	8		1	
2		3						
6		4			5			
	5			9				
			8	4				

#153 difficile

		7		5			3	6
			4					
	8	6					7	2
	5	8			4		6	
						1	8	
			2					5
3		9	1					
				6		3		
6			9					

#154 difficile

	5		8			1	2	
								9
			3	2	1		6	
							9	5
4	8	6		5				1
			2		6			
		5		8				
	4	7						
8			9		7			

#155 difficile

		5			1	3		4
			3		8			
		2				5		
	6			8				
	5	3				4		8
2						7		3
		9						
				3				2
7			1		6		9	

#156 difficile

					4		6	5
		2						
			2		1	7		
6				5		3		2
5				7			4	1
3		1				8	7	
7			4	3	5			
	2							

#157 difficile

2			6	5		3		
7				4	1	2		
							5	
		1		2	3			
	5	4	7					
								5
6	1	2				7		
			8		7	6	4	

#158 difficile

7					9			
	3					8	4	
2		4				5	9	
		3				2		
			4	9				
		2		1		4	5	
		6						
					4		3	
	8		1	7				6

#159 difficile

3		8	9					
	9				6			
				5	8			
						3		
4	1	2						7
9				6			2	1
						6		3
	6		5	9	7	2		
1		7						

#160 difficile

	5		8					
	8				5		4	
	3			4	7			
		1	9			6	8	
	4			8		1		
		3	7			2		
							2	
4	2							9
9						3	1	

#161 difficile

4	2						5	8
		3					7	4
	6		8					
9								
		7		1	6	9		
			4					3
				4	8			
3							2	
2					1		4	5

#162 difficile

2		4		3		1		
		3		9				
						7		4
	8		6			5		1
9							4	
				8				
4		6	9					
7		2		4	3			
					5		7	

#163 difficile

			4	7				
	8	7	1			9		
		9				6		
						5		
	6				7			
5			2	1			3	
					4			2
	7	3					6	
	4	8				7		9

#164 difficile

						5	2	
8		6						
	5		4	1	6	7		
1				5			8	7
3	8	7					6	
						2		
2		9	1					
				4	9			
	1				5			

#165 difficile

3		1						
		8	6				1	7
	7				4			
					2	8		
5				8				
					3	5	2	
	8	5		7			9	
	4	9					8	1
					6			

#166 difficile

	6			3		5	2	
			7	5				
8					2			
7						1		9
1								3
		3	9					
		2		9	3	4		
6								
				4	8	3	5	

#167 difficile

								1
5		4				2	7	
			1			6		
		3			5	7		
2				7		8		
1		6			4			
			6	3			4	
4		7					2	
				1			3	

#168 difficile

1								
		6	3	2	9			
	5	9				6		7
	1							
			5	1				6
			2			4	3	
		4			3		1	9
		3			6	2	5	

#169 difficile

					7		5	
6	1							9
2	7					1	3	
1	2			4		3		
3						9		
			1	7				
						8		
	9				1			
		8	4	5				6

#170 difficile

				6	9			
		9			3	5	8	2
1	2							
6	4						5	
		5						9
						8		4
					6			
7	3	1		2				
5			3	1		9		

#171 difficile

					8	5		
3	6							
9			7		6	8		
1	9			4				2
		6	5					
						4		
		3					1	
			6		2			5
			3		7	6	8	

#172 difficile

	6	2				8	9	
7								
		8	3	2	4			
		5		4			2	7
		4		8		3		6
	7							
					3	5		4
			7		6		8	

#173 difficile

1			4					
	4							9
7			9		1			
							6	7
8						3		
		2		3	6		4	
2								
	3				5	4	9	
				6	4	8	5	

#174 difficile

					6		5	
		2	1	9		4		
4								
	9				3			
		5					6	2
6	8						3	7
8				1			7	6
5								8
			6	3				

#175 difficile

6	7	5	2					
			5	9		3		2
				1				
		7	8			5	1	
		2	7				9	6
	6						7	8
				1				
1	9					2		

#176 difficile

9	4					8		2
5	8			7		9		
					6			
8			6			2		7
2		3						
	7				4			
					3	1	5	
		5		8				
					1		8	

#177 difficile

7						1		
	1							
3		8	6	5				
9			3					8
			1	7			5	
8				4			6	
		3	5	8				
		4						1
		5					4	7

#178 difficile

			9		1			7
		2	6					8
		3			5	2		
	7					9		6
	5		2		7			
	6					1		
1								
	2	5	7		8			
		9					1	

#179 difficile

				2	4		6	
				6		3		5
								4
2		8			3			
		1			9			2
	9				1			
9					2	5		
	6		5			7		9
	8		3			4		

#180 difficile

								8
				6	8		3	
				3		7		9
3			9			4		2
	2				6	9		
1			7			8		
	6	1			7			
		5			2			6
2					5			

#181 difficile

6	1	2				5		
							9	
		8		4		1		6
				3	7			
	8				4			
7		9	8					
	4		3	8	5		6	
						9	4	
5		1						

#182 difficile

3	7							
		4	5	3				
8					4			
9	4	7			8	2		
						8	5	
			1	9				
	8		4				1	2
						5		
			6	2	1		9	

#183 difficile

9	5			3	2			
		1						
	2					7	6	5
			7		8	6		
1								
				2		9	1	
	8		1	5				7
	7		9		6			2

#184 difficile

3			2		7	9		
9			1	8		4		
			9	3				8
					4		2	1
	2							
7	1			4	5			
4						7	8	9
		2						

#1

7	5	6	8	9	3	2	1	4
8	2	4	5	1	7	6	9	3
1	9	3	2	4	6	7	8	5
9	7	2	1	3	5	4	6	8
3	6	1	4	8	9	5	7	2
5	4	8	7	6	2	1	3	9
4	1	7	3	5	8	9	2	6
6	8	5	9	2	1	3	4	7
2	3	9	6	7	4	8	5	1

#2

3	9	7	2	5	6	1	4	8
1	4	6	8	3	7	2	5	9
2	8	5	4	1	9	7	6	3
9	1	4	5	8	2	3	7	6
6	5	3	7	9	1	8	2	4
7	2	8	6	4	3	5	9	1
4	3	2	1	6	5	9	8	7
5	6	9	3	7	8	4	1	2
8	7	1	9	2	4	6	3	5

#3

2	3	5	6	9	1	8	7	4
7	6	8	5	2	4	1	9	3
9	1	4	3	7	8	5	2	6
6	9	1	4	8	2	3	5	7
4	8	7	9	3	5	2	6	1
3	5	2	7	1	6	4	8	9
8	4	3	2	6	7	9	1	5
1	7	9	8	5	3	6	4	2
5	2	6	1	4	9	7	3	8

#4

9	8	4	3	1	5	6	7	2
3	6	5	9	2	7	4	8	1
7	1	2	6	8	4	5	3	9
2	4	8	7	9	3	1	6	5
6	5	7	1	4	2	8	9	3
1	9	3	8	5	6	7	2	4
4	2	6	5	3	8	9	1	7
5	7	9	2	6	1	3	4	8
8	3	1	4	7	9	2	5	6

#5

1	7	5	3	4	6	2	9	8
2	8	4	7	5	9	3	6	1
3	6	9	2	8	1	5	7	4
7	5	2	1	3	8	6	4	9
4	1	3	6	9	7	8	5	2
8	9	6	5	2	4	7	1	3
9	4	7	8	6	3	1	2	5
5	3	1	9	7	2	4	8	6
6	2	8	4	1	5	9	3	7

#6

3	9	2	1	8	7	4	6	5
1	8	6	9	4	5	7	2	3
4	5	7	2	6	3	8	9	1
8	7	9	5	1	6	2	3	4
6	4	5	8	3	2	9	1	7
2	3	1	7	9	4	5	8	6
9	6	8	4	5	1	3	7	2
7	1	4	3	2	9	6	5	8
5	2	3	6	7	8	1	4	9

#7

1	3	5	6	8	9	2	4	7
4	9	8	3	2	7	6	5	1
7	2	6	1	5	4	8	3	9
5	1	4	9	3	8	7	6	2
2	8	9	5	7	6	3	1	4
3	6	7	2	4	1	9	8	5
6	4	2	8	9	5	1	7	3
9	5	1	7	6	3	4	2	8
8	7	3	4	1	2	5	9	6

#8

6	3	1	7	9	2	5	4	8
9	4	7	8	5	3	1	2	6
8	5	2	1	4	6	7	9	3
7	9	6	4	2	5	3	8	1
1	2	5	3	8	7	4	6	9
4	8	3	9	6	1	2	5	7
3	6	9	5	7	4	8	1	2
2	1	4	6	3	8	9	7	5
5	7	8	2	1	9	6	3	4

#9

1	2	3	8	9	5	7	6	4
4	8	5	7	6	2	1	9	3
6	7	9	1	4	3	5	2	8
9	3	2	4	5	1	8	7	6
5	1	8	6	2	7	4	3	9
7	4	6	3	8	9	2	5	1
2	5	4	9	3	8	6	1	7
8	9	1	5	7	6	3	4	2
3	6	7	2	1	4	9	8	5

#10

3	5	6	2	1	4	7	8	9
9	8	1	3	7	6	4	2	5
4	7	2	9	8	5	3	6	1
6	1	3	4	9	8	2	5	7
5	2	4	6	3	7	1	9	8
8	9	7	1	5	2	6	3	4
7	3	5	8	6	1	9	4	2
2	6	8	7	4	9	5	1	3
1	4	9	5	2	3	8	7	6

#11

4	6	2	8	9	7	3	1	5
5	8	3	1	2	4	7	9	6
1	7	9	6	5	3	2	4	8
8	3	1	4	7	2	6	5	9
6	5	7	9	3	1	4	8	2
2	9	4	5	8	6	1	7	3
3	1	5	7	6	9	8	2	4
7	2	8	3	4	5	9	6	1
9	4	6	2	1	8	5	3	7

#12

7	3	1	4	2	9	5	6	8
6	9	2	3	5	8	1	4	7
5	4	8	7	6	1	9	2	3
4	1	5	8	3	2	7	9	6
8	7	3	5	9	6	4	1	2
2	6	9	1	7	4	3	8	5
1	8	7	6	4	5	2	3	9
3	2	4	9	8	7	6	5	1
9	5	6	2	1	3	8	7	4

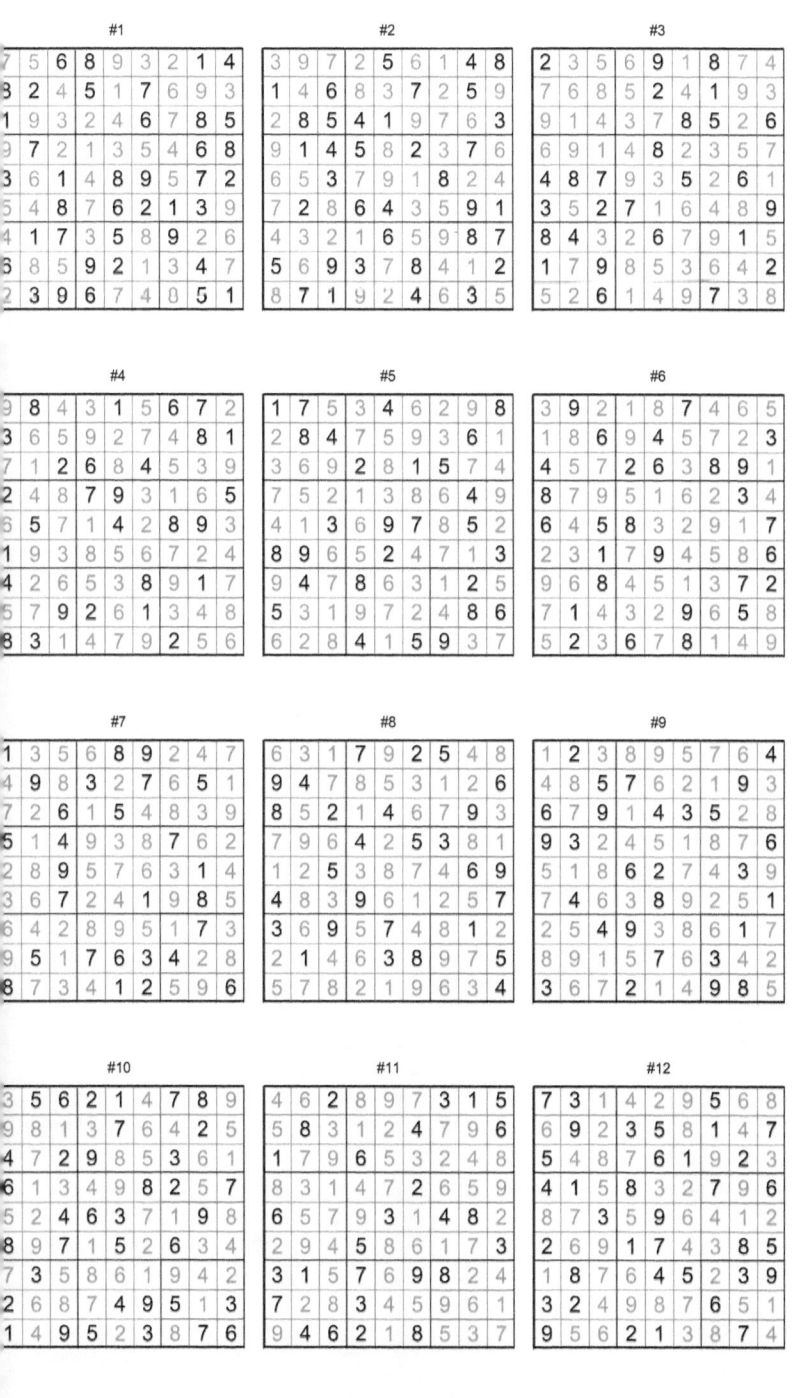

#13

5	8	2	4	1	9	7	6	3
7	3	1	6	8	2	9	4	5
6	4	9	7	5	3	2	1	8
8	5	4	9	6	7	3	2	1
9	7	3	2	4	1	8	5	6
2	1	6	5	3	8	4	9	7
4	9	8	1	7	6	5	3	2
3	6	5	8	2	4	1	7	9
1	2	7	3	9	5	6	8	4

#14

6	4	1	8	7	3	5	9	2
8	7	5	9	2	1	3	4	6
3	9	2	5	6	4	1	8	7
7	1	3	4	9	2	8	6	5
5	8	9	1	3	6	7	2	4
2	6	4	7	8	5	9	3	1
4	3	7	6	1	8	2	5	9
9	5	8	2	4	7	6	1	3
1	2	6	3	5	9	4	7	8

#15

2	1	9	5	8	6	7	4	3
8	7	3	4	9	1	6	5	2
6	4	5	2	3	7	9	8	1
1	3	7	6	4	5	8	2	9
4	9	2	8	7	3	1	6	5
5	8	6	9	1	2	3	7	4
3	5	4	1	6	8	2	9	7
7	2	8	3	5	9	4	1	6
9	6	1	7	2	4	5	3	8

#16

3	1	4	5	7	6	2	9	8
5	7	8	9	2	4	1	6	3
2	9	6	1	8	3	5	4	7
8	3	1	2	6	7	9	5	4
7	5	2	8	4	9	6	3	1
4	6	9	3	1	5	7	8	2
9	4	5	7	3	1	8	2	6
6	8	7	4	5	2	3	1	9
1	2	3	6	9	8	4	7	5

#17

1	3	7	2	8	5	6	9	4
8	4	9	7	6	3	5	1	2
6	2	5	9	4	1	8	3	7
7	8	1	6	3	9	4	2	5
2	5	3	8	7	4	1	6	9
4	9	6	5	1	2	3	7	8
5	6	8	3	9	7	2	4	1
9	1	2	4	5	6	7	8	3
3	7	4	1	2	8	9	5	6

#18

1	5	6	2	7	3	9	8	4
3	2	9	6	8	4	5	1	7
8	7	4	1	5	9	2	3	6
5	6	7	9	3	2	8	4	1
4	8	1	5	6	7	3	9	2
2	9	3	4	1	8	6	7	5
6	3	5	8	4	1	7	2	9
7	1	2	3	9	6	4	5	8
9	4	8	7	2	5	1	6	3

#19

7	6	4	3	5	2	9	8	1
8	9	5	4	1	6	7	3	2
3	1	2	7	9	8	4	5	6
2	7	6	9	8	4	5	1	3
4	5	1	2	3	7	6	9	8
9	3	8	1	6	5	2	7	4
1	2	7	8	4	9	3	6	5
5	4	3	6	7	1	8	2	9
6	8	9	5	2	3	1	4	7

#20

7	6	9	4	3	5	1	2	8
4	3	2	6	1	8	9	5	7
8	5	1	9	7	2	4	3	6
1	7	8	5	4	6	3	9	2
9	4	6	2	8	3	7	1	5
3	2	5	7	9	1	8	6	4
5	1	4	8	6	9	2	7	3
6	9	7	3	2	4	5	8	1
2	8	3	1	5	7	6	4	9

#21

8	7	2	9	1	4	3	6	5
3	1	5	2	6	8	9	7	4
6	9	4	7	3	5	8	2	1
9	3	7	8	4	6	5	1	2
5	8	6	1	2	7	4	9	3
4	2	1	3	5	9	7	8	6
2	4	9	6	8	3	1	5	7
7	6	3	5	9	1	2	4	8
1	5	8	4	7	2	6	3	9

#22

8	1	2	3	6	4	9	5	7
5	4	7	1	9	8	2	6	3
6	9	3	5	2	7	1	4	8
3	5	6	8	4	9	7	2	1
1	2	9	7	3	5	4	8	6
7	8	4	6	1	2	3	9	5
2	6	1	9	5	3	8	7	4
4	7	5	2	8	1	6	3	9
9	3	8	4	7	6	5	1	2

#23

2	4	3	8	7	6	9	1	5
6	8	5	9	1	4	3	2	7
9	1	7	3	2	5	8	6	4
5	9	4	2	6	3	7	8	1
1	7	2	4	5	8	6	3	9
8	3	6	1	9	7	5	4	2
3	5	8	7	4	2	1	9	6
7	2	1	6	3	9	4	5	8
4	6	9	5	8	1	2	7	3

#24

9	5	3	8	7	2	1	4	6
8	2	1	3	6	4	5	9	7
6	4	7	1	5	9	3	8	2
5	9	6	7	8	3	2	1	4
7	1	2	4	9	6	8	3	5
4	3	8	5	2	1	7	6	9
3	7	5	6	4	8	9	2	1
2	8	4	9	1	7	6	5	3
1	6	9	2	3	5	4	7	8

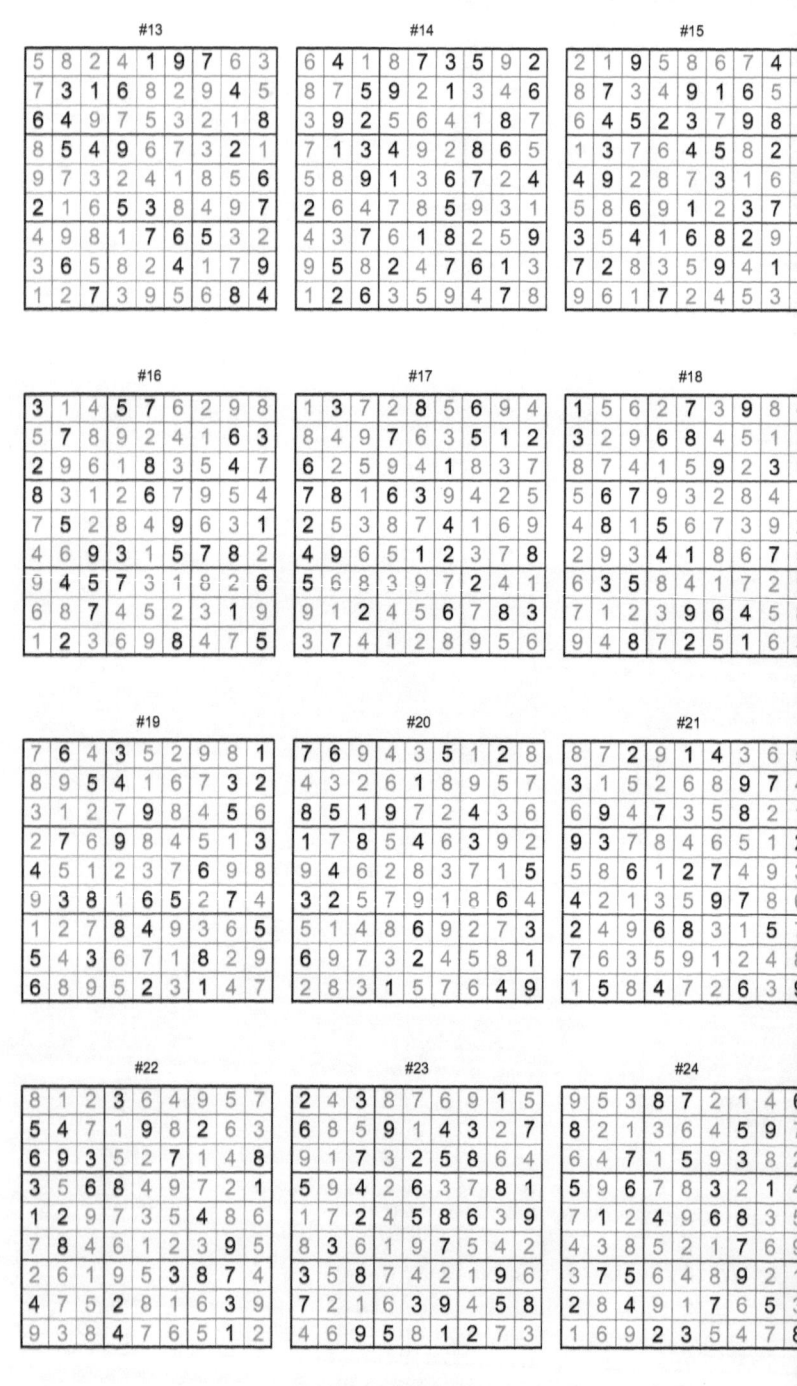

#25

[illegible]	9	4	7	6	2	3	8	1
[illegible]	1	3	8	9	5	4	6	2
[illegible]	2	6	4	1	3	9	7	5
[illegible]	3	1	6	8	7	5	2	4
[illegible]	4	8	3	5	1	6	9	7
[illegible]	5	7	9	2	4	8	1	3
[illegible]	8	5	2	3	6	7	4	9
[illegible]	7	9	1	4	8	2	5	6
[illegible]	6	2	5	7	9	1	3	8

#26

5	6	2	7	8	3	1	4	9
1	3	9	2	4	5	6	8	7
8	4	7	9	1	6	3	5	2
3	7	5	8	2	4	9	1	6
4	9	8	1	6	7	5	2	3
2	1	6	3	5	9	8	7	4
9	5	1	6	7	2	4	3	8
7	8	3	4	9	1	2	6	5
6	2	4	5	3	8	7	9	1

#27

5	2	1	6	3	9	7	4	8
7	9	6	5	8	4	1	3	2
8	4	3	1	7	2	9	6	5
6	7	2	3	5	1	4	8	9
1	3	9	8	4	6	2	5	7
4	5	8	9	2	7	3	1	6
9	8	4	2	1	5	6	7	3
2	1	5	7	6	3	8	9	4
3	6	7	4	9	8	5	2	1

#28

[illegible]	2	7	4	6	9	5	3	8
[illegible]	8	4	5	1	2	9	6	7
[illegible]	6	5	7	3	8	4	1	2
[illegible]	3	9	8	2	7	6	4	1
[illegible]	1	8	3	4	6	7	9	5
[illegible]	7	6	1	9	5	2	8	3
[illegible]	4	2	9	7	1	3	5	6
[illegible]	5	3	6	8	4	1	2	9
[illegible]	9	1	2	5	3	8	7	4

#29

5	9	1	7	3	2	6	4	8
4	7	2	8	6	9	3	5	1
3	8	6	5	1	4	9	2	7
8	4	9	2	5	7	1	3	6
6	2	3	1	9	8	4	7	5
7	1	5	6	4	3	2	8	9
9	5	8	4	2	6	7	1	3
2	6	7	3	8	1	5	9	4
1	3	4	9	7	5	8	6	2

#30

7	5	4	1	6	3	8	9	2
6	3	8	9	2	4	1	5	7
2	1	9	8	5	7	3	4	6
1	7	6	4	8	9	5	2	3
5	9	3	7	1	2	4	6	8
4	8	2	5	3	6	9	7	1
9	6	7	3	4	8	2	1	5
3	2	1	6	9	5	7	8	4
8	4	5	2	7	1	6	3	9

#31

[illegible]	5	1	6	2	7	3	8	9
[illegible]	7	2	8	3	9	1	4	5
[illegible]	9	8	4	5	1	6	7	2
[illegible]	8	4	3	6	2	5	9	7
[illegible]	6	7	5	9	4	8	3	1
[illegible]	3	5	1	7	8	4	2	6
[illegible]	4	3	2	1	6	9	5	8
[illegible]	1	9	7	4	5	2	6	3
[illegible]	2	6	9	8	3	7	1	4

#32

8	3	4	1	6	2	9	5	7
2	7	6	5	8	9	1	4	3
9	1	5	3	4	7	6	2	8
7	6	9	4	1	3	5	8	2
4	8	3	2	5	6	7	1	9
5	2	1	7	9	8	3	6	4
6	9	7	8	2	1	4	3	5
1	5	8	9	3	4	2	7	6
3	4	2	6	7	5	8	9	1

#33

6	9	7	3	2	1	4	5	8
1	4	3	8	9	5	6	2	7
8	2	5	4	6	7	3	9	1
4	7	6	2	3	8	9	1	5
3	8	1	9	5	4	7	6	2
9	5	2	7	1	6	8	4	3
5	1	9	6	7	3	2	8	4
7	6	8	5	4	2	1	3	9
2	3	4	1	8	9	5	7	6

#34

[illegible]	1	6	9	2	4	5	3	8
[illegible]	3	8	6	1	5	2	7	4
[illegible]	5	4	3	7	8	1	6	9
[illegible]	4	2	7	9	1	6	8	5
[illegible]	9	7	8	5	2	3	4	1
[illegible]	8	5	4	6	3	7	9	2
[illegible]	6	1	5	8	7	9	2	3
[illegible]	7	3	2	4	9	8	1	6
[illegible]	2	9	1	3	6	4	5	7

#35

9	4	5	2	8	6	7	3	1
8	7	2	3	1	4	9	5	6
3	1	6	7	5	9	8	2	4
5	8	9	4	3	7	6	1	2
2	3	7	6	9	1	4	8	5
1	6	4	8	2	5	3	9	7
4	5	3	9	7	2	1	6	8
7	2	8	1	6	3	5	4	9
6	9	1	5	4	8	2	7	3

#36

4	1	3	5	9	6	2	8	7
5	2	9	3	8	7	1	4	6
7	8	6	2	4	1	5	9	3
8	7	2	9	6	5	3	1	4
9	4	5	1	2	3	6	7	8
3	6	1	8	7	4	9	5	2
6	9	4	7	5	2	8	3	1
1	5	7	6	3	8	4	2	9
2	3	8	4	1	9	7	6	5

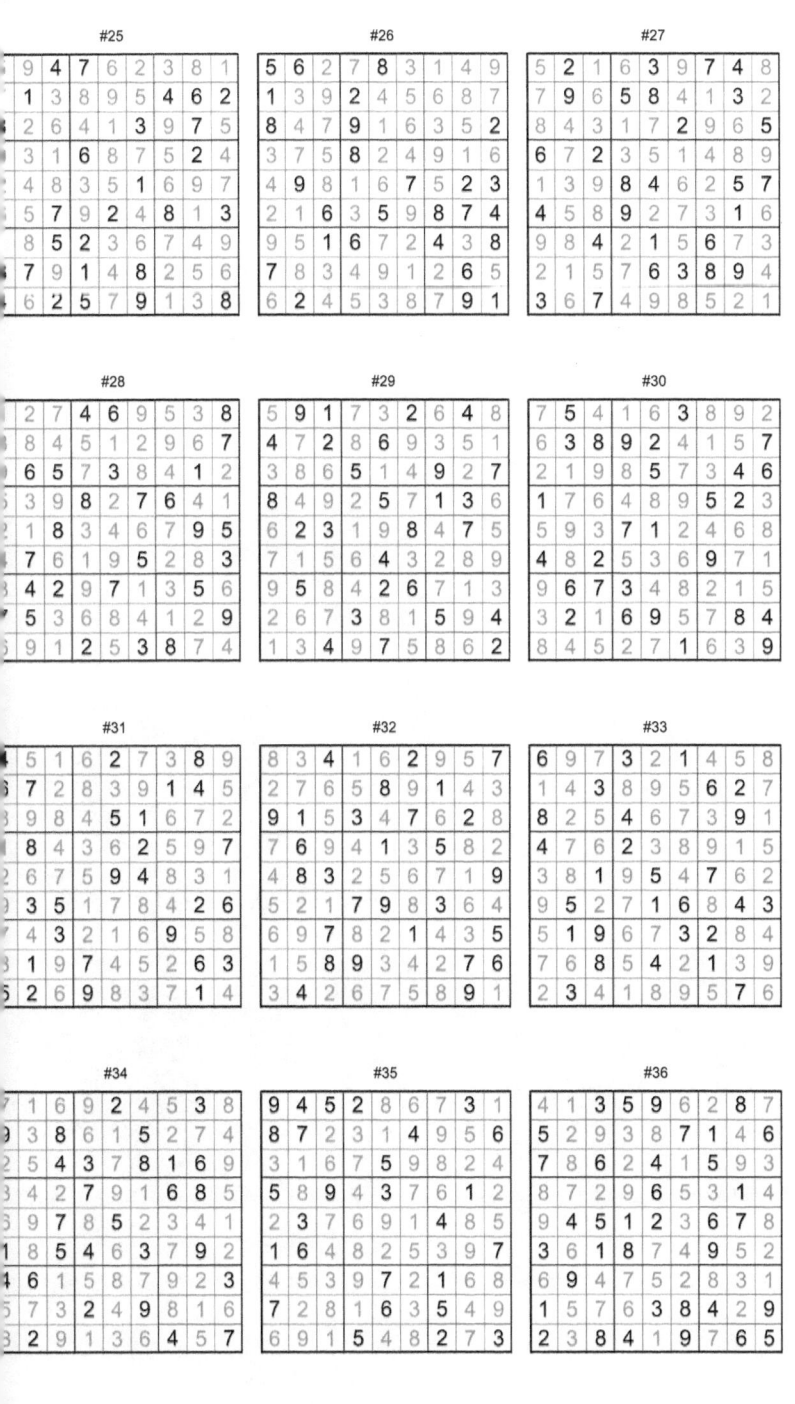

#37

1	2	8	9	5	6	7	4	3
9	4	3	7	8	2	1	5	6
6	7	5	1	4	3	8	9	2
5	9	4	3	6	8	2	1	7
7	3	1	4	2	9	6	8	5
8	6	2	5	7	1	9	3	4
3	8	7	6	9	5	4	2	1
4	5	9	2	1	7	3	6	8
2	1	6	8	3	4	5	7	9

#38

7	4	5	8	1	9	6	2	3
3	1	8	4	2	6	5	7	9
2	9	6	7	5	3	4	8	1
6	5	2	9	8	4	3	1	7
4	8	7	3	6	1	9	5	2
9	3	1	5	7	2	8	6	4
5	7	4	1	3	8	2	9	6
1	6	3	2	9	5	7	4	8
8	2	9	6	4	7	1	3	5

#39

2	3	7	1	4	9	8	6	
8	4	6	2	7	5	3	9	
9	1	5	6	3	8	2	7	
6	2	4	7	1	3	5	8	
7	5	9	8	2	6	4	1	
1	8	3	9	5	4	7	2	
3	6	1	5	8	7	9	4	
4	7	2	3	9	1	6	5	
5	9	8	4	6	2	1	3	

#40

3	5	1	8	2	4	6	9	7
4	6	8	9	7	3	5	2	1
7	9	2	1	5	6	8	4	3
8	7	4	6	3	2	9	1	5
1	2	5	7	9	8	3	6	4
6	3	9	4	1	5	7	8	2
5	1	6	2	8	7	4	3	9
9	4	3	5	6	1	2	7	8
2	8	7	3	4	9	1	5	6

#41

3	6	9	1	8	2	7	5	4
5	7	8	3	6	4	1	2	9
2	1	4	7	9	5	3	6	8
4	8	3	5	2	7	6	9	1
7	9	6	8	3	1	2	4	5
1	2	5	6	4	9	8	3	7
6	3	1	4	5	8	9	7	2
9	4	7	2	1	6	5	8	3
8	5	2	9	7	3	4	1	6

#42

2	1	5	6	3	7	4	9	
9	8	4	1	5	2	3	7	
3	6	7	9	8	4	1	2	
5	2	1	3	9	6	8	4	
7	9	6	8	4	5	2	3	
8	4	3	7	2	1	5	6	
1	3	9	4	6	8	7	5	
6	7	2	5	1	3	9	8	
4	5	8	2	7	9	6	1	

#43

3	7	6	5	4	8	2	9	1
8	1	2	9	7	6	3	5	4
9	4	5	2	1	3	8	6	7
2	3	7	6	8	1	5	4	9
1	5	9	3	2	4	6	7	8
4	6	8	7	5	9	1	2	3
5	8	4	1	9	2	7	3	6
7	9	3	8	6	5	4	1	2
6	2	1	4	3	7	9	8	5

#44

7	5	2	1	4	6	9	8	3
8	3	1	9	2	7	5	4	6
9	6	4	5	8	3	2	1	7
1	9	3	6	7	5	8	2	4
5	4	8	3	1	2	7	6	9
6	2	7	4	9	8	3	5	1
2	1	9	8	3	4	6	7	5
3	7	6	2	5	1	4	9	8
4	8	5	7	6	9	1	3	2

#45

4	5	2	6	1	3	9	8	
8	3	6	9	7	4	2	5	
1	7	9	8	5	2	6	4	
2	9	4	3	8	7	5	1	
3	6	7	1	4	5	8	9	
5	8	1	2	9	6	3	7	
7	4	3	5	2	9	1	6	
9	2	8	4	6	1	7	3	
6	1	5	7	3	8	4	2	

#46

8	4	5	9	2	1	3	7	6
6	9	7	8	3	4	5	2	1
3	2	1	6	7	5	4	8	9
2	6	9	5	1	8	7	4	3
5	8	4	3	6	7	9	1	2
7	1	3	4	9	2	6	5	8
9	7	2	1	4	3	8	6	5
4	3	8	2	5	6	1	9	7
1	5	6	7	8	9	2	3	4

#47

4	1	8	6	2	7	5	3	9
5	6	2	8	9	3	4	7	1
3	9	7	5	4	1	6	8	2
9	3	1	7	6	2	8	5	4
2	5	4	3	1	8	9	6	7
7	8	6	4	5	9	1	2	3
6	2	5	1	7	4	3	9	8
1	7	3	9	8	6	2	4	5
8	4	9	2	3	5	7	1	6

#48

4	5	9	6	2	3	1	8	
8	7	6	1	5	4	9	2	
3	2	1	8	7	9	5	4	
5	8	2	7	6	1	4	3	
6	1	4	9	3	2	8	7	
7	9	3	5	4	8	6	1	
9	4	5	3	1	7	2	6	
1	6	7	2	8	5	3	9	
2	3	8	4	9	6	7	5	

#49

6	5	2	9	3	7	4	1	8
7	3	8	4	1	6	5	2	9
9	1	4	8	2	5	6	7	3
8	7	3	6	5	9	1	4	2
4	2	9	7	8	1	3	6	5
5	6	1	3	4	2	8	9	7
2	8	5	1	9	4	7	3	6
3	4	6	2	7	8	9	5	1
1	9	7	5	6	3	2	8	4

#50

7	4	9	6	8	3	5	2	1
8	6	2	1	5	7	9	4	3
5	3	1	4	9	2	8	7	6
1	7	6	8	2	9	4	3	5
9	8	5	7	3	4	1	6	2
3	2	4	5	6	1	7	8	9
4	9	8	2	1	6	3	5	7
6	1	7	3	4	5	2	9	8
2	5	3	9	7	8	6	1	4

#51

3	6	7	5	1	2	9	4	8
4	5	9	3	8	7	1	2	6
2	8	1	6	9	4	3	7	5
1	9	2	8	6	3	7	5	4
6	3	4	7	2	5	8	1	9
5	7	8	1	4	9	6	3	2
8	4	6	2	3	1	5	9	7
7	2	3	9	5	8	4	6	1
9	1	5	4	7	6	2	8	3

#52

9	8	3	6	2	5	7	4	1
1	4	5	3	7	8	6	9	2
7	6	2	9	1	4	3	8	5
3	1	4	7	9	2	8	5	6
6	7	9	8	5	1	4	2	3
2	5	8	4	6	3	9	1	7
5	3	7	1	4	9	2	6	8
4	2	6	5	8	7	1	3	9
8	9	1	2	3	6	5	7	4

#53

5	2	1	7	9	3	6	8	4
4	7	3	8	5	6	9	1	2
9	8	6	4	2	1	5	7	3
7	4	5	1	8	2	3	9	6
6	1	9	3	4	5	7	2	8
2	3	8	6	7	9	4	5	1
8	9	4	2	3	7	1	6	5
3	6	7	5	1	8	2	4	9
1	5	2	9	6	4	8	3	7

#54

8	1	2	9	4	6	5	7	3
6	3	5	7	1	2	4	9	8
9	4	7	3	5	8	6	2	1
3	5	6	4	2	9	1	8	7
7	8	4	1	3	5	9	6	2
1	2	9	6	8	7	3	4	5
5	6	3	8	7	4	2	1	9
2	9	8	5	6	1	7	3	4
4	7	1	2	9	3	8	5	6

#55

6	5	4	3	7	1	8	9	2
9	7	8	2	5	4	6	3	1
3	2	1	6	8	9	7	5	4
1	9	6	8	2	7	5	4	3
5	3	7	4	9	6	2	1	8
4	8	2	1	3	5	9	7	6
2	1	9	7	4	8	3	6	5
8	4	5	9	6	3	1	2	7
7	6	3	5	1	2	4	8	9

#56

1	9	2	6	5	8	3	7	4
5	4	7	1	3	9	2	8	6
6	8	3	7	2	4	5	9	1
3	7	5	4	8	2	6	1	9
9	2	4	5	6	1	7	3	8
8	6	1	3	9	7	4	2	5
4	3	8	9	7	5	1	6	2
7	1	9	2	4	6	8	5	3
2	5	6	8	1	3	9	4	7

#57

5	8	2	6	1	4	9	3	7
6	4	9	3	2	7	1	8	5
1	7	3	5	8	9	4	2	6
8	9	4	7	6	1	2	5	3
7	3	5	4	9	2	8	6	1
2	1	6	8	5	3	7	9	4
9	2	7	1	3	5	6	4	8
3	6	1	2	4	8	5	7	9
4	5	8	9	7	6	3	1	2

#58

3	4	5	6	1	8	2	7	9
7	8	2	5	3	9	4	6	1
9	1	6	2	7	4	5	8	3
6	5	4	3	2	7	9	1	8
2	9	1	8	5	6	7	3	4
8	3	7	9	4	1	6	2	5
4	2	9	7	8	3	1	5	6
5	6	8	1	9	2	3	4	7
1	7	3	4	6	5	8	9	2

#59

3	2	5	1	6	8	4	9	7
6	1	9	4	7	3	5	8	2
7	4	8	2	5	9	1	6	3
8	6	3	5	4	2	9	7	1
2	9	7	8	1	6	3	4	5
4	5	1	9	3	7	8	2	6
5	7	4	6	8	1	2	3	9
9	8	6	3	2	5	7	1	4
1	3	2	7	9	4	6	5	8

#60

6	8	4	3	7	5	9	1	2
7	1	3	2	9	6	4	5	8
9	2	5	8	4	1	6	7	3
2	3	8	6	1	7	5	9	4
5	6	7	9	8	4	3	2	1
1	4	9	5	2	3	8	6	7
4	9	1	7	6	8	2	3	5
3	7	2	4	5	9	1	8	6
8	5	6	1	3	2	7	4	9

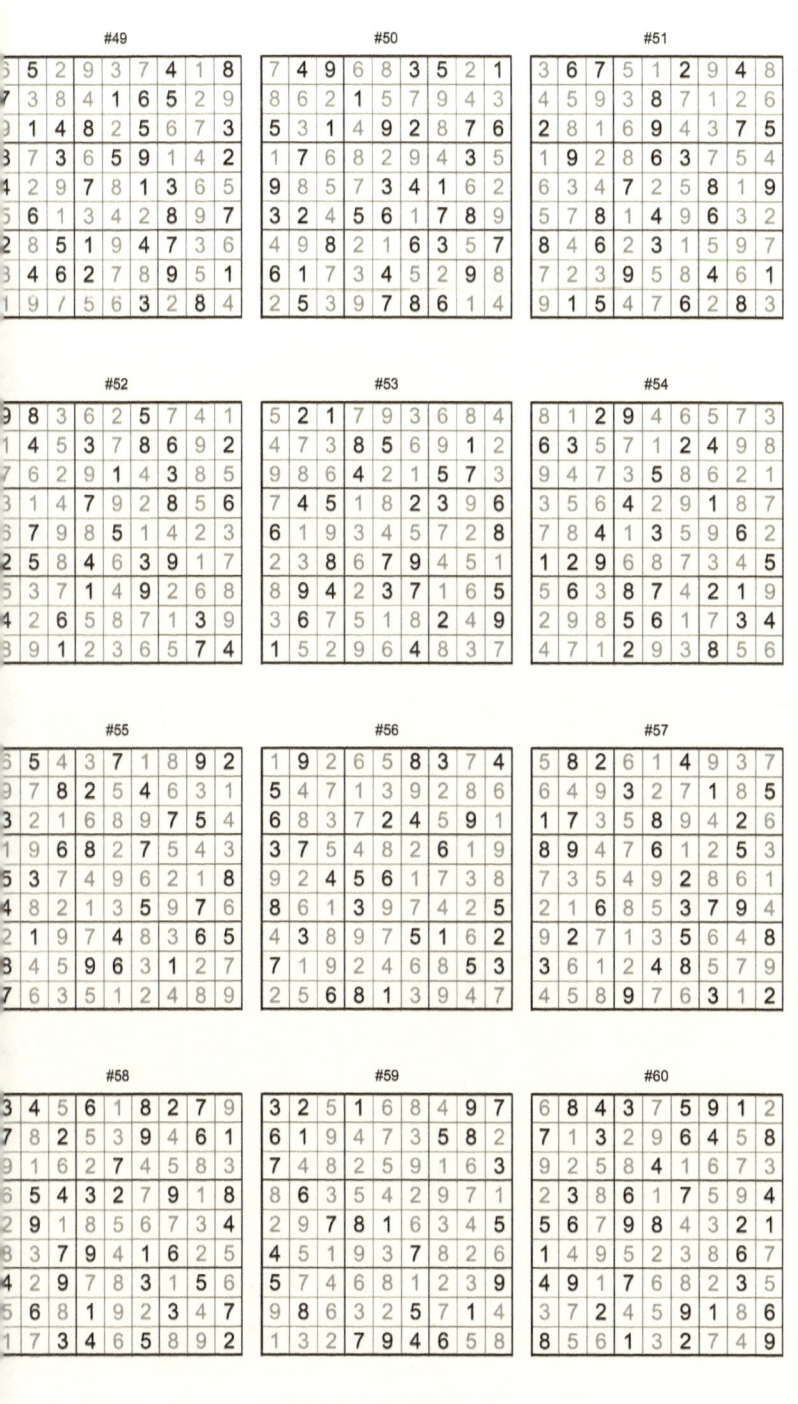

#61

2	6	1	5	9	3	4	7	8
4	8	9	6	7	1	3	2	5
3	5	7	2	4	8	6	1	9
9	1	5	7	2	6	8	3	4
7	3	8	9	1	4	5	6	2
6	4	2	3	8	5	1	9	7
8	7	4	1	6	9	2	5	3
5	2	6	8	3	7	9	4	1
1	9	3	4	5	2	7	8	6

#62

9	4	1	7	8	5	3	6	2
3	2	8	9	6	1	5	4	7
5	6	7	3	4	2	1	9	8
1	7	6	2	3	8	9	5	4
8	9	4	5	1	7	6	2	3
2	5	3	6	9	4	7	8	1
4	1	5	8	7	6	2	3	9
7	3	2	4	5	9	8	1	6
6	8	9	1	2	3	4	7	5

#63

1	5	7	4	8	6	3	9	2
8	2	3	5	9	7	4	6	1
6	4	9	1	2	3	7	8	5
3	7	5	6	1	8	2	4	9
4	9	6	7	5	2	1	3	8
2	8	1	3	4	9	5	7	6
5	1	8	9	7	4	6	2	3
9	6	4	2	3	5	8	1	7
7	3	2	8	6	1	9	5	4

#64

3	9	5	6	8	1	7	4	2
7	8	4	9	2	3	5	6	1
1	2	6	5	7	4	3	8	9
4	7	8	2	3	5	9	1	6
9	5	3	4	1	6	8	2	7
2	6	1	8	9	7	4	5	3
5	1	7	3	6	8	2	9	4
8	3	2	1	4	9	6	7	5
6	4	9	7	5	2	1	3	8

#65

5	2	8	6	1	4	7	3	9
1	9	4	7	3	2	8	6	5
7	3	6	5	9	8	1	4	2
8	5	2	3	4	1	6	9	7
9	4	1	8	7	6	5	2	3
3	6	7	2	5	9	4	8	1
2	7	9	4	6	5	3	1	8
4	8	3	1	2	7	9	5	6
6	1	5	9	8	3	2	7	4

#66

7	3	9	2	4	1	6	8	5
6	4	2	8	5	7	9	3	1
8	5	1	9	6	3	2	7	4
4	6	7	5	3	9	8	1	2
2	9	3	4	1	8	7	5	6
1	8	5	6	7	2	3	4	9
3	7	6	1	2	4	5	9	8
5	1	8	7	9	6	4	2	3
9	2	4	3	8	5	1	6	7

#67

5	8	9	7	3	1	2	4	6
1	6	2	9	4	5	3	7	8
4	3	7	8	6	2	9	1	5
6	2	1	3	8	9	7	5	4
7	4	3	5	2	6	8	9	1
8	9	5	4	1	7	6	2	3
2	7	8	1	5	3	4	6	9
3	5	6	2	9	4	1	8	7
9	1	4	6	7	8	5	3	2

#68

9	8	7	3	5	1	2	4	6
2	3	1	6	4	7	9	5	8
4	6	5	8	2	9	7	1	3
7	9	4	1	6	5	8	3	2
8	2	3	7	9	4	5	6	1
1	5	6	2	8	3	4	7	9
5	1	8	9	7	6	3	2	4
3	4	2	5	1	8	6	9	7
6	7	9	4	3	2	1	8	5

#69

1	9	5	2	6	4	7	8	3
4	2	6	8	3	7	9	1	5
8	3	7	1	5	9	2	4	6
6	5	8	7	9	1	3	2	4
3	7	2	4	8	5	1	6	9
9	4	1	6	2	3	5	7	8
5	8	4	3	7	2	6	9	1
2	1	3	9	4	6	8	5	7
7	6	9	5	1	8	4	3	2

#70

1	5	8	2	3	6	9	4	7
2	9	4	1	7	5	8	3	6
7	3	6	4	8	9	2	5	1
8	7	3	9	1	2	4	6	5
4	1	2	5	6	8	3	7	9
9	6	5	3	4	7	1	2	8
6	8	9	7	2	3	5	1	4
5	2	1	6	9	4	7	8	3
3	4	7	8	5	1	6	9	2

#71

6	7	9	1	8	2	5	3	4
1	2	3	5	9	4	6	8	7
4	5	8	7	6	3	1	2	9
8	9	2	3	1	7	4	5	6
5	1	6	4	2	8	7	9	3
3	4	7	6	5	9	2	1	8
9	8	5	2	7	6	3	4	1
7	3	1	8	4	5	9	6	2
2	6	4	9	3	1	8	7	5

#72

9	8	6	2	5	1	3	4	7
5	7	4	3	8	9	6	1	2
2	1	3	7	6	4	5	9	8
3	5	8	4	1	2	7	6	9
7	6	9	5	3	8	1	2	4
1	4	2	9	7	6	8	3	5
6	2	5	8	9	3	4	7	1
8	9	1	6	4	7	2	5	3
4	3	7	1	2	5	9	8	6

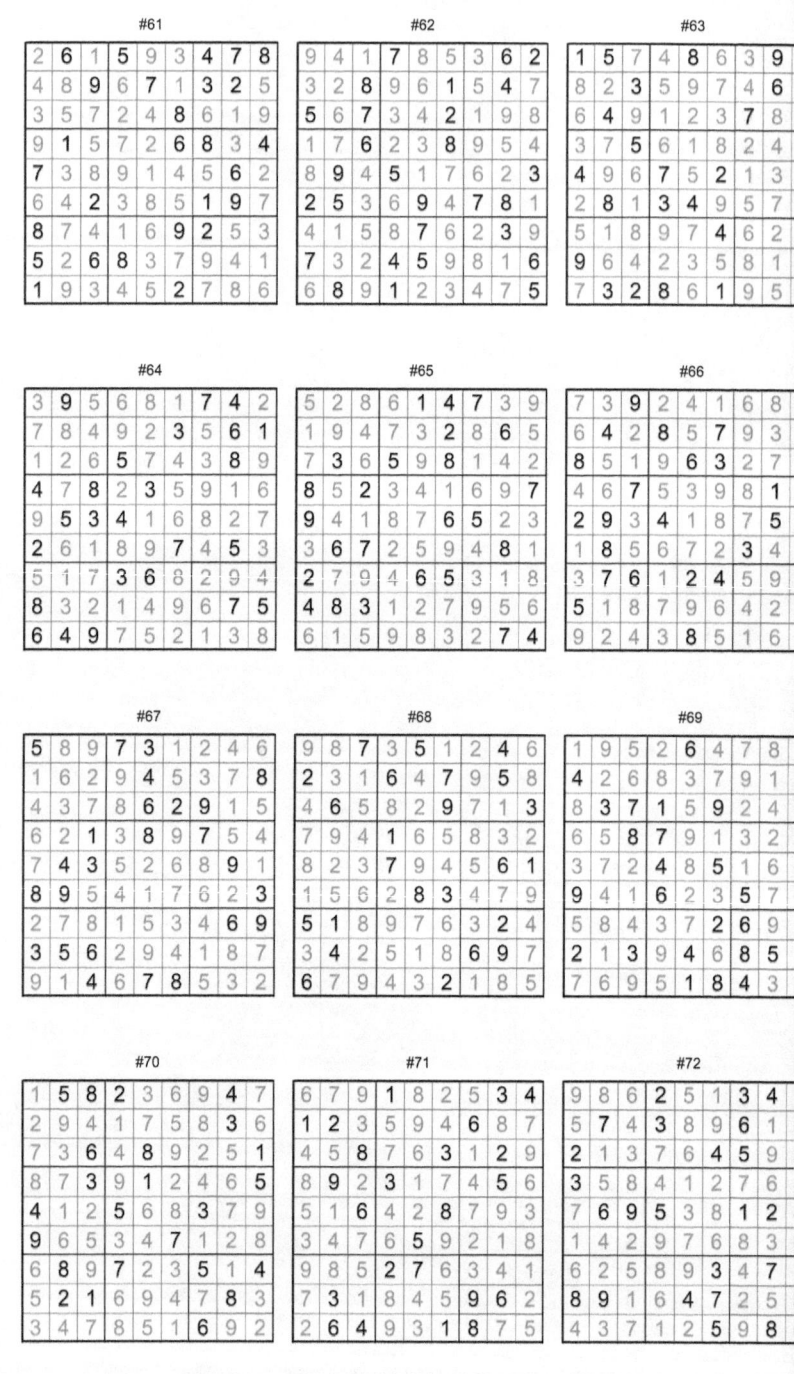

#73

2	5	8	4	7	6	1	3	9
6	1	9	3	8	5	4	2	7
3	4	7	9	1	2	6	5	8
1	9	6	2	3	8	5	7	4
4	7	3	5	6	1	8	9	2
8	2	5	7	4	9	3	6	1
7	6	2	1	5	4	9	8	3
5	3	1	8	9	7	2	4	6
9	8	4	6	2	3	7	1	5

#74

8	7	9	6	3	5	4	2	1
5	2	3	1	8	4	6	9	7
6	1	4	2	9	7	3	8	5
2	5	6	7	1	3	9	4	8
4	8	7	9	5	2	1	6	3
9	3	1	8	4	6	7	5	2
7	9	8	4	2	1	5	3	6
1	4	5	3	6	8	2	7	9
3	6	2	5	7	9	8	1	4

#75

8	4	9	3	5	6	2	1	7
6	7	3	1	8	2	4	5	9
5	1	2	9	7	4	6	3	8
1	2	6	7	9	5	8	4	3
9	5	7	4	3	8	1	6	2
4	3	8	6	2	1	9	7	5
2	9	4	5	1	7	3	8	6
3	6	5	8	4	9	7	2	1
7	8	1	2	6	3	5	9	4

#76

8	4	6	9	7	1	5	3	2
1	2	7	6	3	5	9	8	4
5	9	3	8	4	2	6	7	1
6	5	9	3	1	4	7	2	8
3	7	8	2	5	9	4	1	6
2	1	4	7	8	6	3	9	5
7	6	1	4	2	3	8	5	9
9	8	2	5	6	7	1	4	3
4	3	5	1	9	8	2	6	7

#77

5	6	9	2	7	4	3	1	8
4	1	3	5	6	8	7	2	9
2	7	8	1	9	3	6	4	5
6	3	5	4	8	2	1	9	7
1	9	2	6	5	7	4	8	3
7	8	4	3	1	9	2	5	6
9	5	1	7	2	6	8	3	4
3	2	7	8	4	5	9	6	1
8	4	6	9	3	1	5	7	2

#78

7	6	1	8	3	2	4	9	5
5	8	3	4	9	1	6	2	7
9	2	4	6	7	5	1	8	3
6	7	9	3	4	8	5	1	2
3	5	2	9	1	6	7	4	8
1	4	8	5	2	7	9	3	6
8	1	7	2	5	4	3	6	9
4	3	6	7	8	9	2	5	1
2	9	5	1	6	3	8	7	4

#79

3	8	5	6	7	1	4	9	2
9	7	1	3	2	4	8	5	6
6	2	4	9	8	5	3	7	1
4	5	3	1	6	9	7	2	8
2	9	6	8	4	7	1	3	5
8	1	7	2	5	3	6	4	9
7	3	9	5	1	8	2	6	4
5	6	8	4	3	2	9	1	7
1	4	2	7	9	6	5	8	3

#80

1	9	5	3	2	4	7	6	8
6	7	4	9	1	8	3	2	5
3	8	2	5	6	7	1	9	4
9	4	7	8	3	5	6	1	2
8	3	6	2	9	1	5	4	7
2	5	1	4	7	6	9	8	3
7	2	3	6	8	9	4	5	1
5	6	8	1	4	3	2	7	9
4	1	9	7	5	2	8	3	6

#81

2	3	7	5	4	1	8	6	9
4	1	5	6	9	8	3	2	7
8	9	6	7	2	3	1	5	4
9	7	2	1	6	4	5	8	3
3	5	1	9	8	7	2	4	6
6	4	8	2	3	5	9	7	1
5	8	3	4	1	6	7	9	2
1	2	4	8	7	9	6	3	5
7	6	9	3	5	2	4	1	8

#82

3	5	8	7	1	4	9	2	6
7	4	6	2	9	8	3	1	5
2	9	1	6	3	5	8	4	7
9	1	7	3	4	6	2	5	8
4	8	2	9	5	7	6	3	1
5	6	3	8	2	1	7	9	4
1	7	9	4	8	3	5	6	2
6	2	4	5	7	9	1	8	3
8	3	5	1	6	2	4	7	9

#83

5	6	1	2	8	4	3	9	7
2	7	8	1	3	9	4	5	6
4	3	9	6	5	7	2	8	1
6	8	2	9	1	3	5	7	4
3	9	5	7	4	6	8	1	2
7	1	4	8	2	5	9	6	3
9	5	6	4	7	2	1	3	8
8	4	7	3	9	1	6	2	5
1	2	3	5	6	8	7	4	9

#84

3	7	1	9	4	8	6	5	2
9	8	4	6	5	2	7	3	1
2	6	5	1	3	7	9	8	4
5	3	2	4	6	1	8	9	7
7	1	9	8	2	3	4	6	5
8	4	6	7	9	5	1	2	3
4	2	8	3	1	9	5	7	6
1	9	3	5	7	6	2	4	8
6	5	7	2	8	4	3	1	9

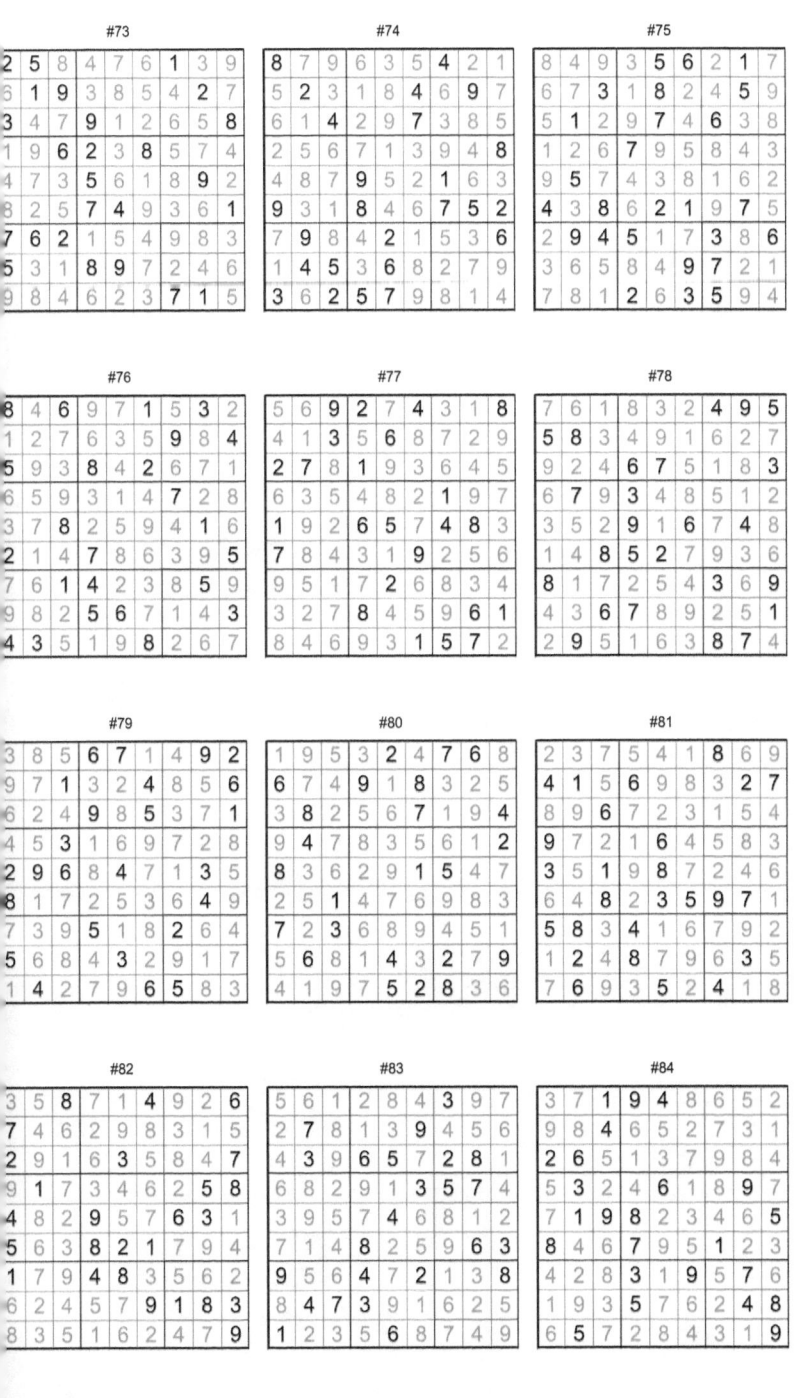

#85

4	2	5	3	8	7	6	1	9
8	6	1	2	9	4	7	3	5
9	7	3	1	5	6	4	2	8
5	4	6	7	1	9	2	8	3
3	9	7	5	2	8	1	6	4
1	8	2	4	6	3	9	5	7
7	1	9	6	3	5	8	4	2
2	5	4	8	7	1	3	9	6
6	3	8	9	4	2	5	7	1

#86

2	3	5	9	7	1	6	4	8
6	7	1	5	4	8	2	3	9
8	9	4	6	3	2	5	1	7
9	5	6	4	8	3	7	2	1
7	4	2	1	6	9	3	8	5
1	8	3	7	2	5	4	9	6
5	2	7	8	9	4	1	6	3
3	6	9	2	1	7	8	5	4
4	1	8	3	5	6	9	7	2

#87

6	3	9	7	5	4	2	8	1
5	2	7	1	8	3	4	6	9
8	1	4	2	9	6	5	7	3
7	6	3	4	1	8	9	5	2
2	8	1	9	7	5	3	4	6
4	9	5	3	6	2	8	1	7
3	4	6	5	2	1	7	9	8
9	5	8	6	3	7	1	2	4
1	7	2	8	4	9	6	3	5

#88

3	9	5	4	8	2	7	6	1
2	1	6	7	3	9	5	8	4
4	8	7	6	5	1	2	9	3
5	4	2	1	7	6	9	3	8
9	7	8	5	4	3	1	2	6
1	6	3	2	9	8	4	7	5
6	2	9	8	1	4	3	5	7
8	5	4	3	2	7	6	1	9
7	3	1	9	6	5	8	4	2

#89

4	5	8	6	9	2	3	7	1
3	1	9	7	8	5	6	2	4
7	6	2	4	3	1	8	9	5
6	3	7	2	1	9	5	4	8
8	2	1	3	5	4	7	6	9
9	4	5	8	6	7	2	1	3
1	7	3	5	4	6	9	8	2
2	8	4	9	7	3	1	5	6
5	9	6	1	2	8	4	3	7

#90

3	6	7	8	5	1	9	2	4
9	4	8	7	2	6	5	3	1
1	5	2	9	3	4	6	8	7
8	1	3	2	7	9	4	5	6
2	7	6	3	4	5	8	1	9
5	9	4	1	6	8	2	7	3
4	2	1	6	8	3	7	9	5
6	8	9	5	1	7	3	4	2
7	3	5	4	9	2	1	6	8

#91

6	4	9	7	8	2	3	5	1
7	3	1	5	6	4	9	2	8
8	5	2	9	3	1	4	6	7
1	8	4	2	7	6	5	9	3
2	9	3	4	5	8	1	7	6
5	7	6	1	9	3	2	8	4
9	6	5	3	1	7	8	4	2
4	1	8	6	2	9	7	3	5
3	2	7	8	4	5	6	1	9

#92

6	5	2	8	4	9	7	3	1
8	3	7	1	6	5	2	4	9
4	1	9	2	3	7	6	8	5
9	6	3	4	1	8	5	2	7
1	2	8	5	7	6	3	9	4
5	7	4	9	2	3	1	6	8
3	9	6	7	8	1	4	5	2
2	8	1	3	5	4	9	7	6
7	4	5	6	9	2	8	1	3

#93

3	4	7	8	5	9	6	1	2
8	5	6	7	1	2	3	4	9
1	2	9	3	6	4	7	5	8
4	8	5	9	7	6	2	3	1
9	7	1	2	3	5	4	8	6
6	3	2	1	4	8	5	9	7
5	9	8	6	2	3	1	7	4
7	6	4	5	8	1	9	2	3
2	1	3	4	9	7	8	6	5

#94

8	2	4	7	5	3	1	9	6
5	7	6	1	4	9	3	2	8
9	3	1	2	6	8	4	5	7
7	1	5	4	2	6	8	3	9
6	4	8	3	9	5	2	7	1
3	9	2	8	7	1	5	6	4
4	6	3	5	1	7	9	8	2
2	5	9	6	8	4	7	1	3
1	8	7	9	3	2	6	4	5

#95

8	3	7	4	5	2	1	6	9
9	1	6	7	8	3	2	5	4
5	4	2	1	6	9	8	7	3
1	9	8	6	4	5	3	2	7
2	7	3	9	1	8	5	4	6
4	6	5	3	2	7	9	8	1
7	2	1	5	3	4	6	9	8
3	5	9	8	7	6	4	1	2
6	8	4	2	9	1	7	3	5

#96

7	1	2	6	8	5	3	4	9
8	5	3	4	9	2	6	7	1
9	4	6	1	7	3	5	8	2
5	3	8	2	4	6	9	1	7
6	9	4	5	1	7	8	2	3
2	7	1	8	3	9	4	6	5
4	2	5	3	6	1	7	9	8
1	8	9	7	5	4	2	3	6
3	6	7	9	2	8	1	5	4

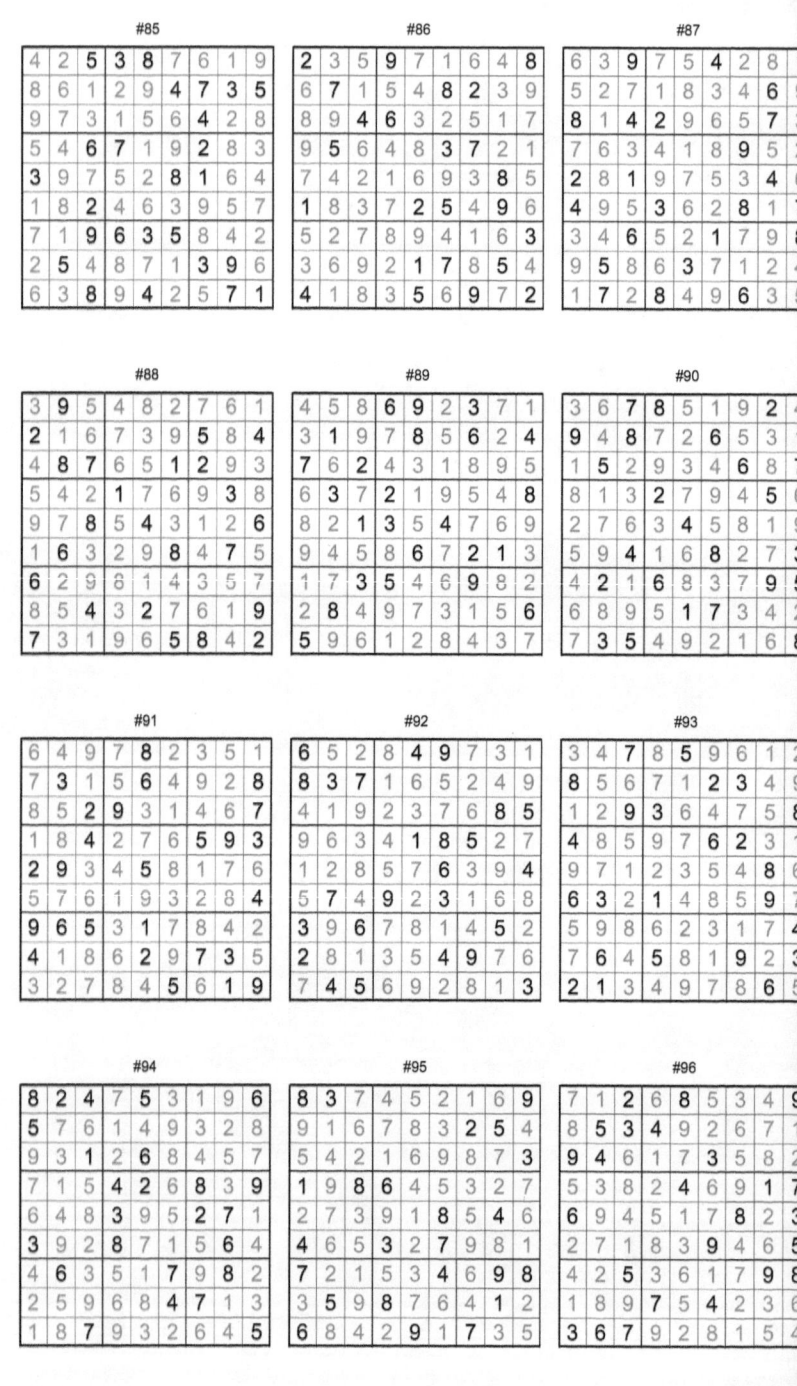

#97

8	2	1	6	5	4	9	7	
6	1	7	4	9	8	2	3	
9	7	8	3	2	5	1	6	
1	5	3	2	4	6	7	9	
7	9	5	8	1	3	4	2	
3	4	6	9	7	1	5	8	
2	8	4	5	6	7	3	1	
5	3	9	7	8	2	6	4	
4	6	2	1	3	9	8	5	

#98

7	5	2	8	3	4	1	9	6
6	8	9	1	7	5	2	3	4
3	4	1	6	2	9	7	5	8
8	9	4	7	5	1	6	2	3
1	3	6	9	4	2	8	7	5
2	7	5	3	6	8	4	1	9
4	2	3	5	1	6	9	8	7
5	1	8	4	9	7	3	6	2
9	6	7	2	8	3	5	4	1

#99

8	1	4	7	3	2	6	9	5
9	2	6	8	5	4	7	3	1
3	5	7	6	9	1	4	8	2
7	9	5	3	1	6	8	2	4
4	8	1	9	2	7	5	6	3
2	6	3	5	4	8	9	1	7
1	3	8	4	6	5	2	7	9
6	4	9	2	7	3	1	5	8
5	7	2	1	8	9	3	4	6

#100

1	3	9	5	2	7	4	6	
6	7	1	3	8	9	2	5	
5	2	6	4	7	8	1	3	
2	8	4	1	3	5	9	7	
7	5	2	8	9	1	6	4	
4	9	7	6	5	3	8	2	
3	1	8	7	6	4	5	9	
8	6	5	9	4	2	3	1	
9	4	3	2	1	6	7	8	

#101

7	2	9	8	5	3	4	6	1
3	6	8	9	1	4	5	7	2
1	4	5	2	6	7	8	9	3
8	9	2	3	4	6	7	1	5
4	3	7	1	2	5	6	8	9
5	1	6	7	8	9	3	2	4
9	8	3	4	7	2	1	5	6
6	7	4	5	9	1	2	3	8
2	5	1	6	3	8	9	4	7

#102

3	4	2	9	7	6	8	1	5
7	9	6	8	1	5	2	3	4
1	5	8	2	4	3	9	6	7
5	3	1	7	8	9	4	2	6
2	8	9	5	6	4	1	7	3
4	6	7	1	3	2	5	9	8
6	1	5	4	9	7	3	8	2
9	7	4	3	2	8	6	5	1
8	2	3	6	5	1	7	4	9

#103

6	3	8	4	2	1	9	7	
9	4	5	7	1	3	8	6	
8	7	3	9	6	5	4	2	
5	2	1	6	4	9	7	3	
7	1	2	8	3	4	6	5	
4	6	9	5	7	8	2	1	
2	9	7	3	5	6	1	8	
3	8	6	1	9	2	5	4	
1	5	4	2	8	7	3	9	

#104

2	7	5	1	3	4	6	8	9
8	1	6	5	9	7	3	4	2
4	9	3	6	2	8	1	5	7
1	3	9	4	5	2	7	6	8
7	5	2	8	6	3	9	1	4
6	4	8	7	1	9	2	3	5
5	2	7	3	4	6	8	9	1
3	8	4	9	7	1	5	2	6
9	6	1	2	8	5	4	7	3

#105

9	6	1	8	4	5	3	2	7
4	2	3	9	7	1	6	8	5
8	7	5	2	6	3	9	1	4
6	4	2	5	1	9	8	7	3
3	8	7	6	2	4	1	5	9
5	1	9	3	8	7	4	6	2
7	5	8	4	9	6	2	3	1
1	9	6	7	3	2	5	4	8
2	3	4	1	5	8	7	9	6

#106

4	5	1	9	3	6	7	8	
8	7	5	4	6	2	1	9	
1	6	8	7	2	5	3	4	
9	3	7	6	1	4	2	5	
6	1	3	2	5	8	9	7	
7	2	4	8	9	3	6	1	
3	4	9	5	7	1	8	2	
2	8	6	1	4	9	5	3	
5	9	2	3	8	7	4	6	

#107

3	1	8	9	7	5	2	6	4
7	6	4	1	8	2	5	3	9
9	2	5	6	4	3	1	7	8
2	3	6	4	9	8	7	5	1
4	5	1	7	3	6	9	8	2
8	7	9	2	5	1	6	4	3
5	4	2	8	1	7	3	9	6
6	8	7	3	2	9	4	1	5
1	9	3	5	6	4	8	2	7

#108

7	4	2	6	8	9	5	3	1
6	1	8	3	5	7	4	2	9
5	3	9	2	4	1	6	7	8
4	5	7	1	9	2	8	6	3
3	2	1	8	7	6	9	5	4
8	9	6	4	3	5	2	1	7
9	7	3	5	6	8	1	4	2
1	8	5	7	2	4	3	9	6
2	6	4	9	1	3	7	8	5

#109

5	8	3	4	1	6	9	7	2
7	4	9	3	2	8	5	6	1
6	2	1	5	9	7	4	3	8
8	1	2	6	5	3	7	4	9
3	6	7	2	4	9	8	1	5
4	9	5	7	8	1	6	2	3
9	7	8	1	3	4	2	5	6
2	3	4	9	6	5	1	8	7
1	5	6	8	7	2	3	9	4

#110

3	8	7	2	4	6	1	5	9
5	1	9	8	7	3	4	6	2
6	4	2	1	9	5	8	7	3
8	7	5	6	3	2	9	1	4
9	6	1	4	5	8	3	2	7
4	2	3	7	1	9	6	8	5
2	3	4	5	8	1	7	9	6
7	5	8	9	6	4	2	3	1
1	9	6	3	2	7	5	4	8

#111

7	1	3	8	5	6	9	2	
8	5	2	9	3	4	1	6	
9	4	6	7	2	1	3	5	
3	7	1	2	9	8	5	4	
5	2	8	4	6	3	7	9	
6	9	4	1	7	5	2	8	
2	6	7	3	8	9	4	1	
4	3	5	6	1	2	8	7	
1	8	9	5	4	7	6	3	

#112

8	3	9	2	6	5	7	4	1
2	6	5	1	4	7	9	3	8
1	7	4	8	3	9	6	2	5
6	1	2	3	5	8	4	9	7
4	5	3	7	9	6	8	1	2
7	9	8	4	1	2	3	5	6
3	2	6	9	8	1	5	7	4
9	8	1	5	7	4	2	6	3
5	4	7	6	2	3	1	8	9

#113

1	6	2	3	5	9	4	8	7
4	7	8	6	2	1	3	9	5
9	5	3	7	4	8	6	2	1
3	8	6	4	7	5	9	1	2
5	4	1	2	9	3	7	6	8
7	2	9	8	1	6	5	3	4
6	1	4	9	8	7	2	5	3
8	9	7	5	3	2	1	4	6
2	3	5	1	6	4	8	7	9

#114

2	4	5	3	6	9	1	7	
6	8	3	5	1	7	2	4	
7	9	1	8	2	4	5	3	
8	1	6	7	5	3	4	9	
9	3	7	4	8	2	6	5	
4	5	2	6	9	1	7	8	
3	7	9	1	4	6	8	2	
1	2	8	9	7	5	3	6	
5	6	4	2	3	8	9	1	

#115

5	9	7	2	3	4	6	1	8
4	6	3	9	1	8	2	7	5
2	8	1	5	7	6	4	3	9
3	5	9	6	8	7	1	2	4
1	2	4	3	5	9	7	8	6
6	7	8	4	2	1	5	9	3
8	4	2	7	6	3	9	5	1
9	1	5	8	4	2	3	6	7
7	3	6	1	9	5	8	4	2

#116

5	2	8	4	3	9	7	1	6
7	4	6	2	8	1	3	9	5
3	1	9	5	7	6	2	8	4
6	3	7	9	5	8	1	4	2
8	5	2	1	4	3	9	6	7
4	9	1	6	2	7	8	5	3
1	6	4	3	9	2	5	7	8
2	8	5	7	1	4	6	3	9
9	7	3	8	6	5	4	2	1

#117

1	3	9	7	5	8	4	2	
2	5	8	4	6	1	3	7	
6	7	4	3	9	2	8	5	
4	2	3	5	8	6	9	1	
9	1	5	2	4	7	6	3	
8	6	7	1	3	9	5	4	
5	9	1	8	7	3	2	6	
3	8	2	6	1	4	7	9	
7	4	6	9	2	5	1	8	

#118

4	2	8	7	6	5	3	9	1
7	6	1	9	2	3	8	4	5
5	3	9	4	1	8	7	6	2
8	7	4	1	3	2	9	5	6
6	1	5	8	9	7	4	2	3
2	9	3	5	4	6	1	7	8
9	5	6	3	7	1	2	8	4
3	8	7	2	5	4	6	1	9
1	4	2	6	8	9	5	3	7

#119

2	1	3	4	6	8	7	9	5
7	9	8	2	1	5	4	6	3
5	6	4	3	9	7	8	1	2
8	4	1	9	2	3	5	7	6
9	3	2	5	7	6	1	8	4
6	7	5	1	8	4	2	3	9
4	8	9	6	5	1	3	2	7
1	5	6	7	3	2	9	4	8
3	2	7	8	4	9	6	5	1

#120

8	6	1	3	4	5	9	7	
2	7	3	9	6	1	4	5	
4	9	5	8	2	7	6	3	
6	5	2	1	8	4	7	9	
9	3	8	7	5	6	1	2	
1	4	7	2	9	3	8	6	
5	2	6	4	7	8	3	1	
3	8	9	6	1	2	5	4	
7	1	4	5	3	9	2	8	

#121

8	7	9	2	5	3	4	6	1
4	5	6	9	7	1	8	2	3
1	3	2	6	8	4	7	9	5
2	8	4	3	1	9	5	7	6
3	9	1	7	6	5	2	8	4
5	6	7	8	4	2	3	1	9
9	4	8	5	2	6	1	3	7
6	2	5	1	3	7	9	4	8
7	1	3	4	9	8	6	5	2

#122

1	9	7	4	5	8	2	6	3
5	3	4	2	6	7	8	1	9
6	2	8	1	9	3	4	7	5
8	5	1	6	3	2	7	9	4
7	6	2	9	1	4	5	3	8
9	4	3	8	7	5	6	2	1
4	1	9	5	2	6	3	8	7
3	8	6	7	4	9	1	5	2
2	7	5	3	8	1	9	4	6

#123

3	2	4	6	8	9	5	7	1
7	6	9	5	2	1	4	8	3
1	5	8	7	4	3	6	9	2
2	8	7	9	6	4	1	3	5
5	4	1	3	7	8	2	6	9
6	9	3	1	5	2	8	4	7
8	7	6	2	9	5	3	1	4
9	1	2	4	3	6	7	5	8
4	3	5	8	1	7	9	2	6

#124

7	1	3	4	9	6	5	8	2
9	6	8	5	3	2	7	1	4
5	4	2	7	1	8	6	3	9
4	2	6	3	8	9	1	7	5
1	9	5	2	6	7	8	4	3
8	3	7	1	5	4	9	2	6
2	5	1	6	7	3	4	9	8
6	8	4	9	2	1	3	5	7
3	7	9	8	4	5	2	6	1

#125

6	1	2	9	7	4	8	3	5
8	3	9	5	6	2	1	4	7
4	5	7	1	8	3	2	9	6
3	7	1	4	2	9	5	6	8
5	6	4	8	3	7	9	1	2
9	2	8	6	1	5	4	7	3
7	9	6	2	4	8	3	5	1
2	4	3	7	5	1	6	8	9
1	8	5	3	9	6	7	2	4

#126

4	5	7	6	8	9	3	2	1
9	3	2	1	4	7	8	5	6
8	1	6	5	2	3	4	9	7
2	9	5	3	1	4	6	7	8
3	6	1	7	9	8	2	4	5
7	4	8	2	5	6	1	3	9
1	7	3	9	6	2	5	8	4
6	2	4	8	7	5	9	1	3
5	8	9	4	3	1	7	6	2

#127

3	8	7	6	2	4	5	9	1
1	9	2	5	8	3	4	6	7
4	6	5	1	9	7	2	3	8
9	7	4	8	3	1	6	5	2
6	3	1	4	5	2	7	8	9
5	2	8	9	7	6	3	1	4
8	4	6	7	1	5	9	2	3
2	5	9	3	4	8	1	7	6
7	1	3	2	6	9	8	4	5

#128

4	1	2	9	8	3	5	7	6
3	5	8	7	4	6	1	2	9
6	9	7	5	2	1	8	4	3
9	7	5	4	6	2	3	1	8
2	3	4	8	1	5	6	9	7
1	8	6	3	7	9	2	5	4
7	4	1	6	5	8	9	3	2
8	2	9	1	3	4	7	6	5
5	6	3	2	9	7	4	8	1

#129

2	6	5	7	3	1	9	4	8
3	7	8	5	9	4	2	1	6
9	4	1	8	6	2	3	5	7
8	3	2	6	1	5	4	7	9
7	1	6	4	2	9	8	3	5
4	5	9	3	8	7	1	6	2
5	9	7	1	4	8	6	2	3
6	8	4	2	7	3	5	9	1
1	2	3	9	5	6	7	8	4

#130

7	9	2	5	1	8	3	6	4
5	3	6	2	4	7	9	8	1
1	4	8	3	9	6	7	5	2
8	2	4	1	7	3	6	9	5
9	5	7	8	6	4	1	2	3
6	1	3	9	2	5	4	7	8
2	6	1	4	5	9	8	3	7
3	7	5	6	8	1	2	4	9
4	8	9	7	3	2	5	1	6

#131

6	3	5	7	8	9	1	2	4
1	8	7	4	5	2	9	3	6
9	4	2	3	1	6	7	5	8
3	7	4	5	6	1	8	9	2
5	2	1	8	9	7	6	4	3
8	9	6	2	4	3	5	1	7
2	5	9	6	7	4	3	8	1
7	1	3	9	2	8	4	6	5
4	6	8	1	3	5	2	7	9

#132

8	3	9	4	7	1	6	5	2
5	7	2	6	9	8	4	3	1
6	1	4	2	3	5	9	8	7
2	4	3	5	1	6	8	7	9
9	6	1	7	8	2	5	4	3
7	8	5	3	4	9	2	1	6
1	2	8	9	5	3	7	6	4
4	5	6	1	2	7	3	9	8
3	9	7	8	6	4	1	2	5

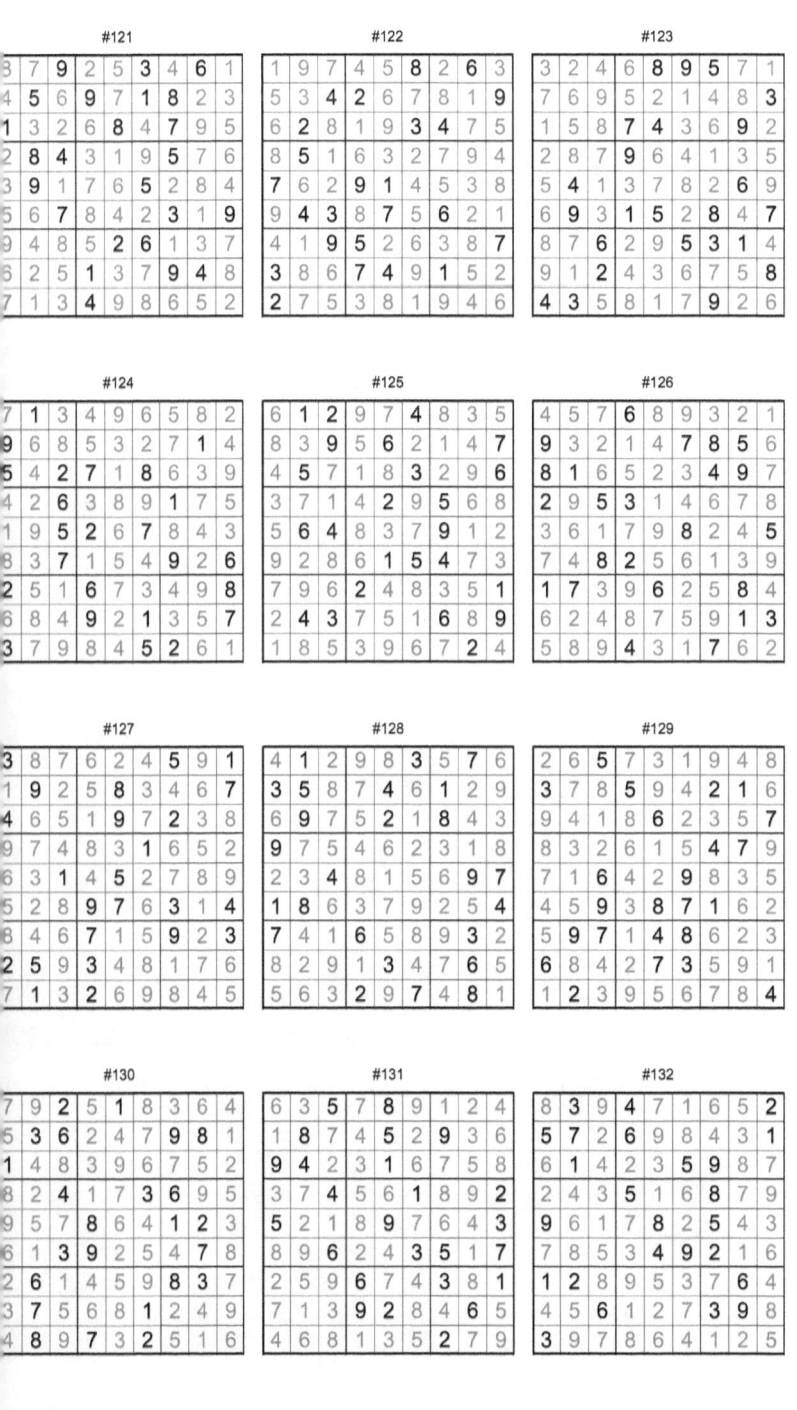

#133

3	5	8	6	7	9	2	1	4
2	9	7	1	3	4	5	8	6
1	6	4	5	8	2	7	9	3
5	2	1	8	6	7	4	3	9
9	8	6	4	2	3	1	5	7
7	4	3	9	1	5	8	6	2
4	3	5	2	9	1	6	7	8
6	7	2	3	5	8	9	4	1
8	1	9	7	4	6	3	2	5

#134

2	5	8	7	3	4	6	9	1
3	1	6	8	5	9	7	4	2
4	9	7	2	6	1	8	5	3
5	7	3	4	9	8	1	2	6
1	4	2	5	7	6	3	8	9
8	6	9	3	1	2	5	7	4
7	3	1	9	4	5	2	6	8
9	8	5	6	2	3	4	1	7
6	2	4	1	8	7	9	3	5

#135

1	7	5	6	4	3	9	2	8
9	6	2	5	1	8	7	4	3
8	3	4	9	7	2	5	1	6
6	9	3	1	2	4	8	5	7
5	2	8	7	9	6	1	3	4
4	1	7	3	8	5	2	6	9
7	5	9	4	3	1	6	8	2
3	8	1	2	6	7	4	9	5
2	4	6	8	5	9	3	7	1

#136

6	7	1	9	5	8	3	2	4
8	4	3	1	2	6	9	7	5
5	9	2	3	4	7	1	6	8
2	6	7	8	1	5	4	9	3
9	8	4	7	3	2	6	5	1
3	1	5	4	6	9	2	8	7
4	2	8	5	9	1	7	3	6
7	3	9	6	8	4	5	1	2
1	5	6	2	7	3	8	4	9

#137

5	4	9	6	7	3	1	8	2
7	8	1	9	2	4	5	3	6
3	6	2	5	1	8	4	9	7
9	2	3	4	8	1	7	6	5
8	1	7	2	6	5	3	4	9
4	5	6	7	3	9	8	2	1
1	9	8	3	5	2	6	7	4
6	3	4	1	9	7	2	5	8
2	7	5	8	4	6	9	1	3

#138

2	1	5	4	9	3	8	6	7
3	4	7	8	1	6	9	2	5
6	8	9	2	7	5	4	1	3
4	6	2	7	3	9	5	8	1
7	9	1	5	6	8	2	3	4
8	5	3	1	4	2	6	7	9
5	3	4	6	8	7	1	9	2
1	7	6	9	2	4	3	5	8
9	2	8	3	5	1	7	4	6

#139

3	8	5	1	4	7	6	9	2
4	2	1	3	6	9	8	5	7
6	9	7	8	5	2	4	3	1
2	7	8	4	9	6	3	1	5
1	5	6	2	7	3	9	8	4
9	4	3	5	8	1	7	2	6
5	6	2	7	3	8	1	4	9
8	1	9	6	2	4	5	7	3
7	3	4	9	1	5	2	6	8

#140

4	3	8	9	5	1	7	2	6
5	1	6	7	8	2	9	3	4
9	7	2	6	3	4	1	5	8
2	6	4	5	1	8	3	7	9
8	9	1	3	4	7	2	6	5
3	5	7	2	6	9	8	4	1
1	2	9	4	7	6	5	8	3
7	4	3	8	9	5	6	1	2
6	8	5	1	2	3	4	9	7

#141

6	3	7	4	2	5	8	9	1
2	9	1	7	3	8	4	5	6
8	5	4	1	9	6	7	2	3
4	7	3	2	6	1	5	8	9
5	2	9	8	7	3	6	1	4
1	8	6	5	4	9	3	7	2
3	6	5	9	1	7	2	4	8
9	4	8	6	5	2	1	3	7
7	1	2	3	8	4	9	6	5

#142

9	2	6	5	1	4	7	3	8
1	5	7	3	8	9	6	4	2
3	8	4	6	2	7	5	9	1
5	4	8	1	9	2	3	7	6
7	3	9	8	4	6	2	1	5
2	6	1	7	5	3	9	8	4
4	9	5	2	7	1	8	6	3
6	7	2	4	3	8	1	5	9
8	1	3	9	6	5	4	2	7

#143

1	6	9	5	2	7	8	3	4
4	8	7	1	3	6	5	2	9
3	5	2	9	8	4	1	7	6
6	3	8	4	7	9	2	5	1
5	9	1	3	6	2	7	4	8
7	2	4	8	5	1	6	9	3
9	4	6	2	1	5	3	8	7
2	1	3	7	9	8	4	6	5
8	7	5	6	4	3	9	1	2

#144

6	1	2	9	8	4	3	7	5
4	8	5	3	7	6	2	1	9
3	9	7	2	1	5	6	8	4
2	6	9	7	3	8	4	5	1
8	4	3	5	9	1	7	6	2
5	7	1	6	4	2	9	3	8
9	5	4	8	6	3	1	2	7
1	3	8	4	2	7	5	9	6
7	2	6	1	5	9	8	4	3

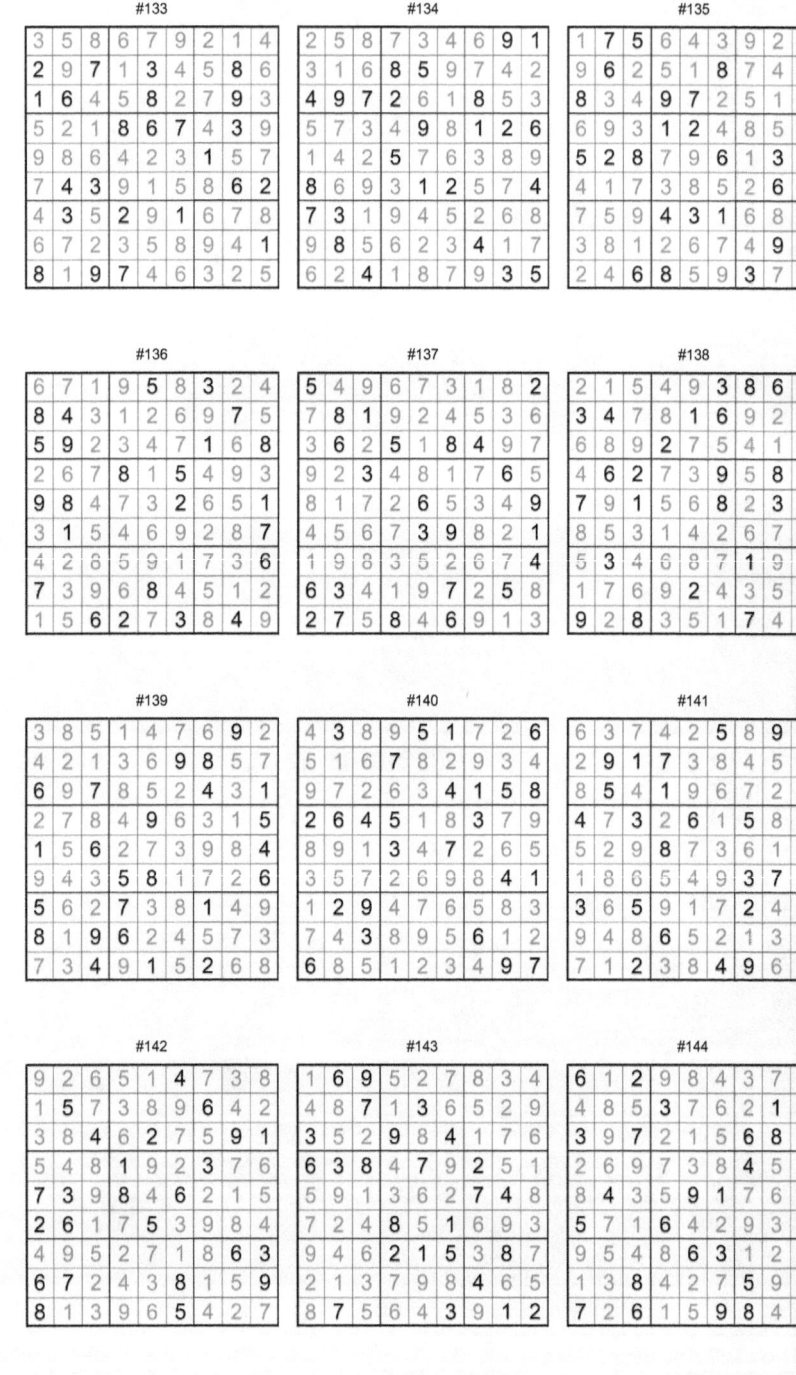

#145

8	5	4	6	1	2	9	7	3
9	6	2	7	3	8	5	1	4
7	1	3	9	4	5	6	8	2
2	7	5	4	6	3	8	9	1
6	3	9	1	8	7	4	2	5
1	4	8	2	5	9	3	6	7
4	8	1	3	7	6	2	5	9
3	2	6	5	9	1	7	4	8
5	9	7	8	2	4	1	3	6

#146

8	1	7	6	5	9	4	3	2
4	3	6	2	8	7	1	9	5
5	9	2	4	1	3	8	6	7
6	5	8	7	9	1	3	2	4
7	4	1	3	2	5	9	8	6
9	2	3	8	6	4	5	7	1
3	7	5	9	4	6	2	1	8
1	8	9	5	7	2	6	4	3
2	6	4	1	3	8	7	5	9

#147

5	6	8	4	3	2	7	9	1
7	3	2	5	1	9	8	6	4
1	4	9	6	8	7	5	3	2
8	5	3	7	2	4	9	1	6
6	1	4	3	9	8	2	7	5
9	2	7	1	5	6	4	8	3
4	9	6	2	7	3	1	5	8
2	8	5	9	6	1	3	4	7
3	7	1	8	4	5	6	2	9

#148

2	7	9	8	1	5	4	3	6
6	5	3	7	4	2	1	9	8
8	1	4	6	9	3	2	7	5
3	6	1	5	2	9	8	4	7
7	9	5	4	6	8	3	1	2
4	8	2	3	7	1	5	6	9
5	3	7	1	8	6	9	2	4
1	2	6	9	5	4	7	8	3
9	4	8	2	3	7	6	5	1

#149

7	2	1	4	5	6	3	8	9
9	8	6	7	1	3	2	4	5
5	3	4	2	8	9	7	6	1
2	4	8	6	3	1	5	9	7
3	1	9	5	7	8	4	2	6
6	5	7	9	2	4	8	1	3
1	7	5	8	9	2	6	3	4
4	9	2	3	6	7	1	5	8
8	6	3	1	4	5	9	7	2

#150

2	3	1	7	6	5	8	4	9
9	8	6	1	4	3	5	7	2
5	4	7	2	8	9	1	3	6
3	6	5	9	2	1	7	8	4
7	2	4	6	3	8	9	5	1
8	1	9	4	5	7	2	6	3
6	5	2	8	1	4	3	9	7
1	7	3	5	9	6	4	2	8
4	9	8	3	7	2	6	1	5

#151

1	5	9	4	6	8	7	2	3
8	4	2	1	3	7	9	6	5
6	7	3	9	5	2	4	8	1
4	6	7	5	2	3	1	9	8
2	9	8	6	7	1	3	5	4
5	3	1	8	4	9	2	7	6
3	8	6	7	9	4	5	1	2
9	1	4	2	8	5	6	3	7
7	2	5	3	1	6	8	4	9

#152

7	2	1	6	8	4	3	5	9
3	4	9	2	5	1	8	6	7
5	6	8	9	7	3	2	4	1
1	8	5	4	2	7	6	9	3
4	9	6	5	3	8	7	1	2
2	7	3	1	6	9	4	8	5
6	3	4	7	1	5	9	2	8
8	5	2	3	9	6	1	7	4
9	1	7	8	4	2	5	3	6

#153

9	1	7	8	5	2	4	3	6
5	3	2	4	7	6	8	9	1
4	8	6	3	1	9	5	7	2
1	5	8	7	9	4	2	6	3
2	9	4	6	3	5	1	8	7
7	6	3	2	8	1	9	4	5
3	7	9	1	2	8	6	5	4
8	4	1	5	6	7	3	2	9
6	2	5	9	4	3	7	1	8

#154

6	5	3	8	9	4	1	2	7
1	2	8	6	7	5	3	4	9
7	9	4	3	2	1	5	6	8
3	7	2	1	4	8	6	9	5
4	8	6	7	5	9	2	3	1
5	1	9	2	3	6	8	7	4
9	6	5	4	8	2	7	1	3
2	4	7	5	1	3	9	8	6
8	3	1	9	6	7	4	5	2

#155

8	9	5	2	6	1	3	7	4
4	7	6	3	5	8	9	2	1
3	1	2	7	9	4	5	8	6
1	6	7	4	8	3	2	5	9
9	5	3	6	7	2	4	1	8
2	4	8	5	1	9	7	6	3
6	2	9	8	4	5	1	3	7
5	8	1	9	3	7	6	4	2
7	3	4	1	2	6	8	9	5

#156

1	7	9	3	8	4	2	6	5
8	6	2	5	9	7	4	1	3
4	3	5	2	6	1	7	9	8
6	4	7	1	5	9	3	8	2
2	1	8	6	4	3	9	5	7
5	9	3	8	7	2	6	4	1
3	5	1	9	2	6	8	7	4
7	8	6	4	3	5	1	2	9
9	2	4	7	1	8	5	3	6

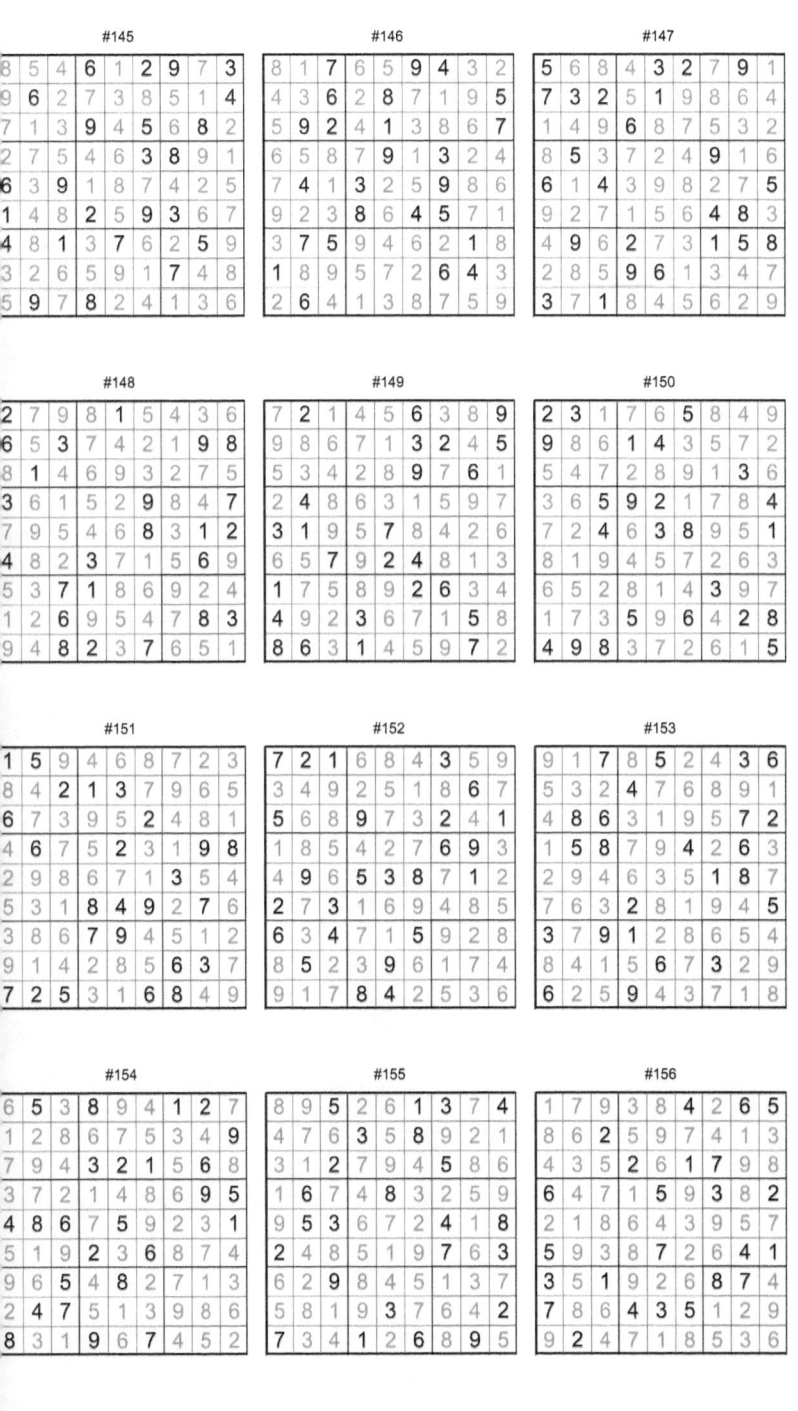

#157

2	4	9	6	5	8	3	7	1
7	8	5	3	4	1	2	6	9
1	3	6	9	7	2	5	8	4
9	2	7	1	6	4	8	5	3
8	6	1	5	2	3	4	9	7
3	5	4	7	8	9	1	2	6
4	7	8	2	3	6	9	1	5
6	1	2	4	9	5	7	3	8
5	9	3	8	1	7	6	4	2

#158

7	1	8	5	4	9	3	6	2
5	3	9	2	6	1	8	4	7
2	6	4	7	3	8	5	9	1
1	4	3	8	5	6	2	7	9
8	5	7	4	9	2	6	1	3
6	9	2	3	1	7	4	5	8
3	7	6	9	2	5	1	8	4
9	2	1	6	8	4	7	3	5
4	8	5	1	7	3	9	2	6

#159

3	7	8	9	4	2	1	5	6
5	9	1	3	7	6	4	8	2
6	2	4	1	5	8	7	3	9
7	8	6	2	1	9	3	4	5
4	1	2	8	3	5	9	6	7
9	3	5	7	6	4	8	2	1
2	5	9	4	8	1	6	7	3
8	6	3	5	9	7	2	1	4
1	4	7	6	2	3	5	9	8

#160

6	5	4	8	9	1	7	3	2
7	8	2	6	3	5	9	4	1
1	3	9	2	4	7	5	6	8
2	7	1	9	5	4	6	8	3
5	4	6	3	8	2	1	9	7
8	9	3	7	1	6	2	5	4
3	1	8	5	7	9	4	2	6
4	2	5	1	6	3	8	7	9
9	6	7	4	2	8	3	1	5

#161

4	2	9	7	6	3	1	5	8
8	5	3	1	2	9	6	7	4
7	6	1	8	5	4	2	3	9
9	3	6	5	8	2	4	1	7
5	4	7	3	1	6	9	8	2
1	8	2	4	9	7	5	6	3
6	7	5	2	4	8	3	9	1
3	1	4	9	7	5	8	2	6
2	9	8	6	3	1	7	4	5

#162

2	6	4	7	3	8	1	5	9
5	7	3	4	9	1	2	8	6
1	9	8	2	5	6	7	3	4
3	8	7	6	2	4	5	9	1
9	2	5	3	1	7	6	4	8
6	4	1	5	8	9	3	2	7
4	5	6	9	7	2	8	1	3
7	1	2	8	4	3	9	6	5
8	3	9	1	6	5	4	7	2

#163

6	1	5	4	7	9	2	8	3
3	8	7	1	6	2	9	4	5
4	2	9	8	3	5	6	7	1
7	3	1	9	4	8	5	2	6
8	6	2	3	5	7	1	9	4
5	9	4	2	1	6	8	3	7
9	5	6	7	8	4	3	1	2
2	7	3	5	9	1	4	6	8
1	4	8	6	2	3	7	5	9

#164

7	4	1	3	9	8	5	2	6
8	3	6	5	7	2	4	9	1
9	5	2	4	1	6	7	3	8
1	2	4	6	5	3	9	8	7
3	8	7	9	2	4	1	6	5
6	9	5	7	8	1	2	4	3
2	6	9	1	3	7	8	5	4
5	7	3	8	4	9	6	1	2
4	1	8	2	6	5	3	7	9

#165

3	9	1	7	5	8	4	6	2
4	5	8	6	2	9	3	1	7
2	7	6	3	1	4	9	5	8
9	1	3	5	6	2	8	7	4
5	2	4	9	8	7	1	3	6
8	6	7	1	4	3	5	2	9
6	8	5	4	7	1	2	9	3
7	4	9	2	3	5	6	8	1
1	3	2	8	9	6	7	4	5

#166

4	6	1	8	3	9	5	2	7
3	2	9	7	5	4	6	1	8
8	7	5	1	6	2	9	3	4
7	5	8	3	2	6	1	4	9
1	9	6	4	7	5	2	8	3
2	4	3	9	8	1	7	6	5
5	8	2	6	9	3	4	7	1
6	3	4	5	1	7	8	9	2
9	1	7	2	4	8	3	5	6

#167

3	6	9	5	2	7	4	8	1
5	1	4	8	3	6	2	7	9
7	8	2	1	4	9	6	5	3
8	4	3	6	9	5	7	1	2
2	9	5	3	7	1	8	6	4
1	7	6	2	8	4	3	9	5
9	2	1	7	6	3	5	4	8
4	3	7	9	5	8	1	2	6
6	5	8	4	1	2	9	3	7

#168

1	2	8	7	6	5	9	4	3
7	4	6	3	2	9	1	8	5
3	5	9	4	8	1	6	2	7
4	1	7	6	3	8	5	9	2
9	3	2	5	1	4	8	7	6
6	8	5	2	9	7	4	3	1
2	6	4	8	5	3	7	1	9
5	7	1	9	4	2	3	6	8
8	9	3	1	7	6	2	5	4

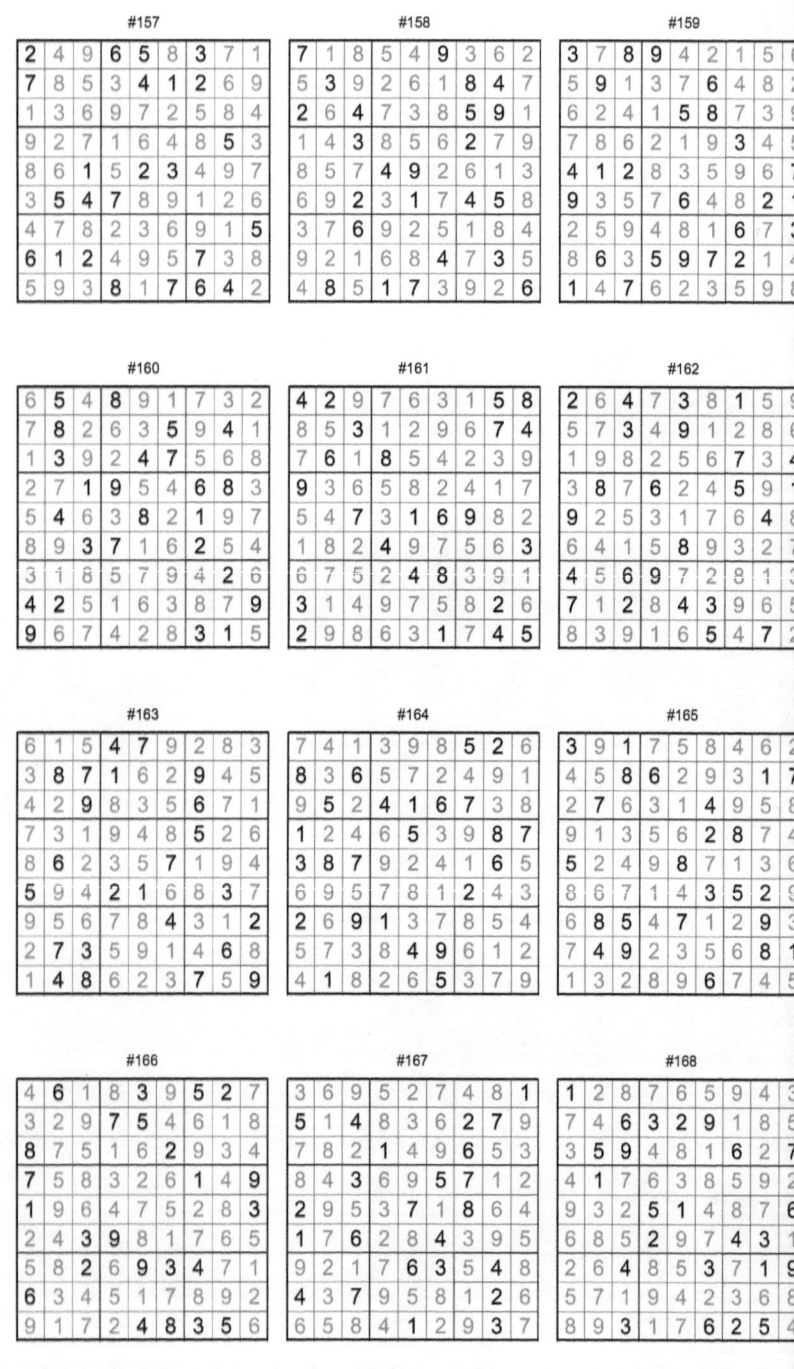

#169

	8	3	2	1	7	6	5	4
	1	5	3	8	4	7	2	9
	7	4	5	9	6	1	3	8
	2	6	9	4	5	3	8	7
	5	7	6	2	8	9	4	1
	4	9	1	7	3	5	6	2
	6	1	7	3	2	8	9	5
	9	2	8	6	1	4	7	3
	3	8	4	5	9	2	1	6

#170

3	5	8	2	6	9	4	7	1
4	6	9	1	7	3	5	8	2
1	2	7	5	4	8	3	9	6
6	4	2	8	9	1	7	5	3
8	1	5	4	3	7	2	6	9
9	7	3	6	5	2	8	1	4
2	9	4	7	8	6	1	3	5
7	3	1	9	2	5	6	4	8
5	8	6	3	1	4	9	2	7

#171

7	2	4	1	3	8	5	9	6
3	6	8	9	5	4	1	2	7
9	5	1	7	2	6	8	4	3
1	9	5	8	4	3	7	6	2
2	4	6	5	7	1	9	3	8
8	3	7	2	6	9	4	5	1
6	7	3	4	8	5	2	1	9
4	8	9	6	1	2	3	7	5
5	1	2	3	9	7	6	8	4

#172

	6	2	1	7	5	8	9	3
	3	1	8	6	9	2	4	5
	5	8	3	2	4	7	6	1
	8	5	6	4	1	9	2	7
	2	4	9	8	7	3	5	6
	9	7	5	3	2	4	1	8
	7	9	4	1	8	6	3	2
	1	6	2	9	3	5	7	4
	4	3	7	5	6	1	8	9

#173

1	2	9	4	8	3	6	7	5
3	4	5	6	2	7	1	8	9
7	8	6	9	5	1	2	3	4
4	9	3	8	1	2	5	6	7
8	6	7	5	4	9	3	2	1
5	1	2	7	3	6	9	4	8
2	5	4	3	9	8	7	1	6
6	3	8	1	7	5	4	9	2
9	7	1	2	6	4	8	5	3

#174

1	3	8	4	2	6	7	5	9
7	6	2	1	9	5	4	8	3
4	5	9	3	8	7	6	2	1
2	9	1	7	6	3	8	4	5
3	7	5	8	4	1	9	6	2
6	8	4	9	5	2	1	3	7
8	4	3	5	1	9	2	7	6
5	1	6	2	7	4	3	9	8
9	2	7	6	3	8	5	1	4

#175

	7	5	2	8	3	9	4	1
	8	1	5	9	7	3	6	2
	3	9	4	6	1	7	8	5
	4	7	8	2	6	5	1	3
	1	2	7	5	4	8	9	6
	5	6	1	3	9	4	2	7
	6	3	9	4	2	1	7	8
	2	4	3	1	8	6	5	9
	9	8	6	7	5	2	3	4

#176

9	4	7	1	3	5	8	6	2
5	8	6	4	7	2	9	1	3
1	3	2	8	9	6	4	7	5
8	5	4	6	1	9	2	3	7
2	9	3	7	5	8	6	4	1
6	7	1	3	2	4	5	9	8
7	6	8	2	4	3	1	5	9
4	1	5	9	8	7	3	2	6
3	2	9	5	6	1	7	8	4

#177

7	4	6	8	3	9	1	2	5
5	1	9	4	2	7	6	8	3
3	2	8	6	5	1	9	7	4
9	5	7	3	6	2	4	1	8
4	6	2	1	7	8	3	5	9
8	3	1	9	4	5	7	6	2
1	7	3	5	8	4	2	9	6
2	8	4	7	9	6	5	3	1
6	9	5	2	1	3	8	4	7

#178

	4	6	9	2	1	3	5	7
	1	2	6	7	3	4	9	8
	9	3	8	4	5	2	6	1
	7	8	1	5	4	9	2	6
	5	1	2	6	7	8	4	3
	6	4	3	8	9	1	7	5
	3	7	4	9	6	5	8	2
	2	5	7	1	8	6	3	9
	8	9	5	3	2	7	1	4

#179

7	5	3	1	2	4	9	6	8
4	2	9	8	6	7	3	1	5
8	1	6	9	3	5	2	7	4
2	4	8	6	5	3	1	9	7
3	7	1	4	8	9	6	5	2
6	9	5	2	7	1	8	4	3
9	3	4	7	1	2	5	8	6
1	6	2	5	4	8	7	3	9
5	8	7	3	9	6	4	2	1

#180

5	1	3	2	7	9	6	4	8
9	4	7	5	6	8	2	3	1
6	8	2	1	3	4	7	5	9
3	5	6	9	8	1	4	7	2
7	2	8	4	5	6	9	1	3
1	9	4	7	2	3	8	6	5
8	6	1	3	9	7	5	2	4
4	7	5	8	1	2	3	9	6
2	3	9	6	4	5	1	8	7

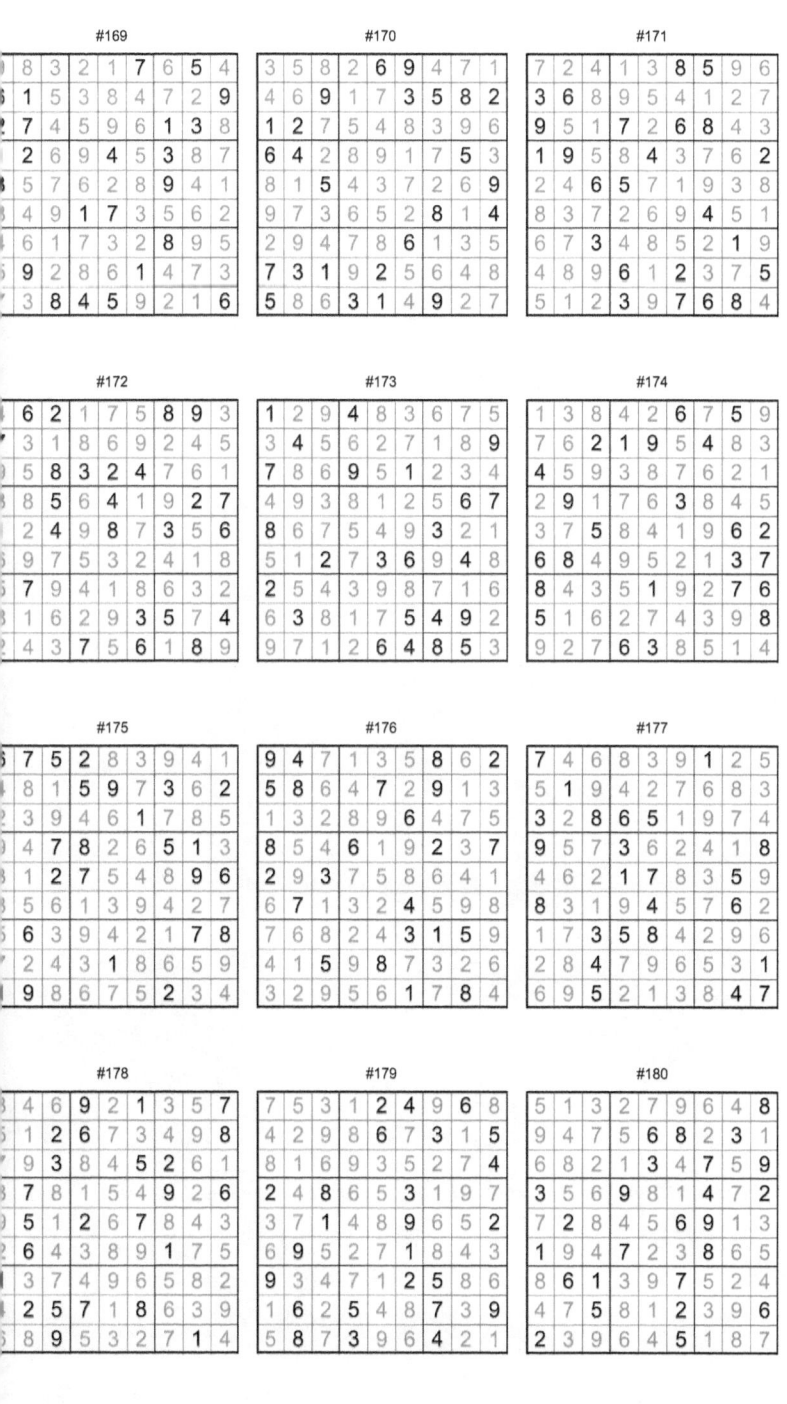

#181

6	1	2	7	9	3	5	8	4
4	7	5	6	1	8	3	9	2
3	9	8	5	4	2	1	7	6
2	6	4	1	3	7	8	5	9
1	8	3	9	5	4	6	2	7
7	5	9	8	2	6	4	1	3
9	4	7	3	8	5	2	6	1
8	3	6	2	7	1	9	4	5
5	2	1	4	6	9	7	3	8

#182

3	7	1	8	6	2	9	4	5
2	6	4	5	3	9	1	8	7
8	9	5	7	1	4	6	2	3
9	4	7	3	5	8	2	6	1
1	3	6	2	4	7	8	5	9
5	2	8	1	9	6	7	3	4
6	8	9	4	7	5	3	1	2
4	1	2	9	8	3	5	7	6
7	5	3	6	2	1	4	9	8

#183

9	5	7	6	3	2	8	4	
6	4	1	8	7	5	3	2	
8	2	3	4	9	1	7	6	
4	9	2	7	1	8	6	5	
1	3	8	5	6	9	2	7	
7	6	5	3	2	4	9	1	
3	1	9	2	4	7	5	8	
2	8	6	1	5	3	4	9	
5	7	4	9	8	6	1	3	

#184

3	4	8	2	5	7	9	1	6
9	7	6	1	8	3	4	5	2
2	5	1	4	9	6	8	3	7
1	6	4	9	3	2	5	7	8
8	9	7	5	6	4	3	2	1
5	2	3	7	1	8	6	9	4
7	1	9	8	4	5	2	6	3
4	3	5	6	2	1	7	8	9
6	8	2	3	7	9	1	4	5

www.ingramcontent.com/pod-product-compliance
Lightning Source LLC
Chambersburg PA
CBHW020443220526
45464CB00002B/833